JN065199

怪物と呼ばれて

松坂大輔

People called me a monster

Daisuke Matsuzaka

SB Creative

怪物と呼ばれて　目次

引退試合を終え、マウンドに手を置く

第1章

引退 ——2021年10月19日

最後の最後は全部さらけ出そう

　こんな感覚は初めてだった。そこに多くの人がいるのに、静寂さと緊張が走っている。まるで真空管の中にいるようだった。２０２１年10月19日。僕の日米通算３７７試合目、プロ野球人生最後の日に初めて得た感覚だった。

　たったの５球。球速は１１８キロしか出なかった。ストライクは1球しか入らなかった。もっと腕を振れば、もう少しスピードは出せたかもしれない。ただ、ストライクゾーン付近に投げるにはあれが精いっぱいだった。

　試合の前、引退会見を行った。その時にも話したが、本当は投げたくなかった。これ以上、駄目な姿を見せたくないと思っていた。プロ野球選手である以上、満足にボールを投げられない姿で、マウンドに上がってはいけないとも考えていた。

　それだけではない。チームに迷惑をかけてしまう。もし、僕の予定されている引退試合の時にクライマックスシリーズに向けての順位争いをしていたらどうするんだ、と。逆に消化試合になっていたとしても、大事な1軍の試合。翌年以降もプレーする若手に大切な試合を使ってほしいと思った。具体的に引退試合の話が浮上したのは、僕の9月13日の誕生日がすぎたあたりだった。

それでも、直前まで投げられるか分からない。右手のしびれがきつく、感覚は本当になくなっていた。キャッチボールも1、2回が限界だった。当日の状態次第で断ることも頭の中にはあった。ただ、そんな僕の心の中の葛藤を察したのか、引退試合から6日前の10月13日、辻発彦監督が「松坂投手が19日、引退試合ということで18番の背番号のユニフォームを着て、マウンド上がります。先発でいくと思います」と公表した。

今思えば背中を押してくれたのだと思う。色々な方々に引退の報告をする中で「やっぱり最後はユニフォーム姿でマウンドに立っている松坂大輔を見たい」と言ってくれる人がいた。そういった方たちの声に応えたい。

「よし、最後の最後は全部さらけ出して見てもらおう」

決意が固まったのは、引退試合の本当に直前だった。

1球でもストライクを

試合当日。みんなが僕の引退記念のTシャツを身に着けてくれていた。そして挨拶。考えていた言葉よりも、みんなの顔を見て、思いついたことを話そうと思っていた。早くももう涙がこみ上げそうだった。

「お疲れ様です。今シーズンをもって引退することになりました。去年、ライオンズに戻ってくることができて……、戻ってくることができたんですけど、なかなか、みなさんと一緒に野球をする時間がなくて、そこは非常に悔いが残るというか、残念に思います。もっとみなさんと一緒にプレーをして、たくさん勝って、喜びを分かち合って優勝したかったです。23年やってきて、半分以上は怪我と戦ってきましたが、みなさんも十分体のケアはされていると思いますけど、やりすぎて駄目なことはないので、みなさん十分、トレーニングや体のメンテナンスには、お金をかけてやってください。そして1年でも長くみなさんがプレーできることを願っています。本当にありがとうございました」

僕のプロ野球人生の半分以上は故障との戦いだった。あの時、こんなケアをしていればと思うことはたくさんある。若い時はいい。痛みに鈍感である方が、乗り切れることだってある。ただ、自分の体をしっかり知った上で、鈍感力を身につけてもらいたい。そのために投資をしてほしい。僕が若い選手に伝えられる、唯一無二のことだった。

引退試合は先発で打者1人。本塁打なら自分の責任でいいが、走者を出した状態で2番手が決まっていた十亀(とがめ)剣投手にバトンを渡せば、大きなプレッシャーをかけてしまう。十亀投手も「負けは絶対につけさせられない」と重圧に感じていた様子だった。だから、僕のために試合をつないでくれた十亀投手、チームには感謝しかない。何気ないことかもしれないが、引退試合1つとっても、僕は周囲の選手・スタッフにここまで支えられてきたのだと実感した。

実は、引退試合の前には、球団を通じて、対戦相手の日本ハムにあるお願いをしていた。「できれば対戦するのは、左打者にしていただきたい」と。僕の右手指先の感覚はなく、右打者だと、頭付近に球が抜けてしまうことがあるからだ。対戦相手は横浜高校の後輩である近藤健介選手だった。

最初の２球は野球殿堂に寄贈されることが決まっていた。

その２球目。真ん中にストライクが入った。近藤選手には事前に「打てる球があったら打っていいよ。ホームランだけは勘弁してよ」と笑いながら話していた。もし、しがらみがなかったら、本塁打だっただろう。打者にとっては美味しすぎる１球だったから。

ただ、１球でもストライクが入ってよかった。キャッチボール、そしてブルペンでの投球練習でも、ストライクが入る気配はなかった。体全体の感覚を頼りに投げた球だった。みっともない姿だったかもしれない。それでも、僕にとっては一生忘れることのない５球、引退試合となった。

試合後、駆けつけてくれたファンを前に場内を一周させてもらった。一塁側の日本ハムベンチでは、栗山英樹監督と、横浜高校の後輩たち４人、近藤選手、淺間大基選手、髙濱祐仁（ゆうと）選手、万波中正（まんなみちゅうせい）選手が引退試合用に作られたＴシャツを着て待ってくれていた。

さらに、シーズンの途中まで西武に在籍し、ちょうど日本ハムに移籍していた木村文紀（ふみかず）選手も迎えてくれた。

両チームの方に持ち上げてもらった胴上げ。照れくささとともに幸せを感じた瞬間だった。

マウンド上の12秒間

セレモニーの後で、僕にはどうしてもやりたいことがあった。

一瞬だったとも思うし、長かったようにも思う。慣れ親しんだ西武のホーム球場のマウンド。もう背番号18のユニフォームを着て、選手として立つことはない場所だ。そう思うと自然と熱いものがこみあげてきた。

12秒。マウンドの上で心を落ち着けた。3回、4回と砂を払って、右手のひらを目いっぱい広げて、プレートに手を置いた。涙で目がかすんでいたかもしれないが、球場の声も何も聞こえなかった。

「ありがとう。本当にありがとう。さようなら」

感謝の思いを伝えた。

本当はすべてが終わって、全員が帰った後にマウンドに上がろうと思っていた。だが、セレモニー後は観客にグラウンドを開放することになっていると球団の方に聞いて、自然の流れに従うしかなかった。それが、胴上げを終えたあのタイミングだった。

正直言って、僕が描いていた引退する時のイメージは、現実と違っていた。本当は、30本塁打を放ちながら引退した王貞治さんのように、メジャーリーグなら、２００８年に20勝を挙げて「もうこれ以上はない」と言って引退したヤンキースのマイク・ムシーナのように……と思っていた。ただ、引退試合の映像を見ても、これでよかったなと今は思える。

最後まで、もがけるだけもがかせてもらった野球人生。引退会見で「野球とは」と聞かれた。気の利いた言葉は出てこなかったが「僕の人生そのものだと言えますし、その中で本当にたくさんの方々に出会えて、助けてもらって、ここまで生かされてきたのだと思います」と答えた。

プロ野球生活23年。半分以上は故障と戦う日々だった。よく「天国と地獄」と表現する方もいるけれど、その振り幅の大きい野球人生の中で、本当に多くの方との出会いが僕の財産となった。自分にとって野球とは――。前だけを見て進んだ道を今一度、今度は足裏の感触、周囲の声、景色を見ながら歩き直してみたい。

第2章

胎動

——1980年〜1996年

ホームラン王になりたかった

僕は1980年9月13日、母・由美子の実家がある青森で生まれた。生まれた時の体重は4310グラムというから、相当大きい方だと思う。その年の夏の甲子園で全国を沸かせた早稲田実業高校の1年生エース、荒木大輔さんにあやかって大輔と名付けられた。

小さい頃から運動神経はよかったとは思う。父・諭（さとる）ともキャッチボールをよくやった。家族で住んでいたマンションの下にトラックがたくさん停まるスペースがあり、そこで父と弟・恭平と3人でキャッチボールをした。草野球もやっていた父は、コントロールにうるさかった。ストライクが入らないと、怒って帰ってしまったこともある。子どもながらに悔しかったのか、まだ物足りなかったのか、僕は1人で壁当てをしていた。

マンションの壁に石でストライクゾーンを描いて、休みの日は必ずと言っていいほどやっていた。今なら確実に近所迷惑となるだろうが、当時、怒られた記憶はない。そういったこと1つとっても、野球が多くの方々の生活に根付いていたのだと感じる。家に戻れば、弟と一緒にゴムボールにひもがついている、打ったら戻ってくる器具で打撃練習もしたし、外に出れば同じマンションの年上の子どもたちにまじって野球ができた。

野球が身近にあったことは確かだ。

ただ、僕が最初に習ったのは、野球ではなく剣道だった。5歳前後から始め、地元の剣友会で小学4年生まで続けた。小学3年生で野球チームに入って、野球の試合に出るようになってからも剣道の稽古には行っていたが、重なった時は野球を優先するようになった。4年生の時に、どちらが楽しいかという純粋な基準で、野球を選んだ。

剣道をやったことで、体全体の動きの中で、肩や肘、手首、そして背筋が鍛えられたと思う。竹刀を振って、腕力も強くなった。体幹トレーニングの重要性といったものは、その頃はもちろん分からなかったが、僕が野球をやっていく上で、大切な土台づくりになっていたのだろう。横浜高では、マスコットバットで自分だけ縦振りの練習を続けたし、プロに入ってからも、トレーニングに取り入れた。木刀を家で振っていた。

野球は確かに身近にあった。だが、最初から野球にのめり込んでいったわけではなかった。小学校に入ったくらいの時は、僕はサッカーチームに入りたかった。漫画も「キャプテン翼」が大好きだった。野球漫画は読んでいなかった。ただ、練習場が遠かったこともあり、サッカーチームに入ることはあきらめた。

逆に野球チームの練習場は近かった。これが逆だったら、もしかして野球はやっていなかったかもしれない。今思うと、1つの分岐点だったのかも。

小学3年生の秋、東京都江東区の「東陽フェニックス」という学童野球のチームに入った。

体験入団日の練習試合で代打満塁ランニングホームランを打った。センターの頭を越えた打球、その光景を今でもはっきりと覚えている。

チームではピッチャーとキャッチャー、さらにショートもやったが、正直、ピッチャーに興味はないというか、好きではなかった。公式戦で初めて投げたのは小学4年生の時だったが、まったくストライクが入らず、三振か四球かという投球で大逆転負け。その後の試合も、自分が投げて抑えて勝ったという思い出はほとんどない。覚えているのはホームランのシーンだけ。それぐらい、投手には無関心だった。

投手は続けたというか、続けざるを得なかった。チームの中で僕が投げないと試合に勝てないということもあった。

小学6年生の秋に「江戸川南リトル」へ。硬式球を手にすることになった。中学で軟式をやるよりも硬式をやった方が高校の選択肢は増えるからと、いろんな人に言われた。リトルでは投手としてほとんど負けた記憶はない。春は関東大会で優勝し、全日本選手権での優勝を目指した東京大会では3位に終わり悔しい結果となったが、その後の全国選抜大会では勝ち上がって、中学1年生の夏、江戸川南リトルは日本一になった。

でも、チームの目標は夏に東京で勝ち、全日本選手権、アジア・太平洋選手権と通過し、アメリカでのワールドシリーズに出場することだった。だから、全国選抜大会ではなく全日本選手権で優勝しないと本当の日本一じゃないというか、あまり記憶に残っていない。

リトルはホームまでの距離が短い（約14メートル）ので投げやすかったが、やっぱり投げるよりも、打つ方が楽しかった。しかも、同じチームに江刺徳男（えさしのりお）という、すごいピッチャーがいた。江刺はストレートとカーブの2種類だけだが、ほとんどが三振。そんな投手がいても、ライバル心というか、投手として負けたくないとかの思いはなかった。悔しさも湧いてこなかった。

僕が通った南陽小学校の卒業文集が僕の当時の思いを表していたと思う。「プロでホームラン王になる」と書き、卒業式ではみんなの前で「将来は甲子園に出て、ドラフト1位になって、100億円プレーヤーになる」と宣言した。当時、西武の清原和博さんが1億円プレーヤーとなっていた。バッターとしてホームラン王を獲って、100億円を稼ぐ。投手のことは頭に一切なく、完全に打者としての意識だった。

圧倒的な一番になるために必要なことは何か？

中1の夏の大会を終え、13歳となって、そのまま江戸川南リトルシニアに移った。ただ、「チーム事情」で投手を続けているという状況はずっと変わらなかった。何度も言うようだけれど、バッターとしてプロに行くつもりだったし、投手にこだわりはなかった。しかし、試合に勝つためには自分がエースにならなければいけないとは思っていた。

1度だけ涙を流したことがある。リトルシニアで最初の大会が中学2年生の春にあって、決勝まで進みながら、足立シニアに敗れた。僕は7回から救援登板して、延長13回に押し出し四球を与えた。全国制覇を目指しているのに、こんなところで負けたということが情けなくて、涙が出た。プロに入るためには、地元の大会で負けているようでは駄目。全国で戦うことなんてできないという思いからだった。

子どもの頃は、人によって野球に対する意識はまったく違うと思う。僕は小さい頃から、どうやったらプロ野球選手になれるかということを常に意識していた少年だった気がする。

中学2年生の秋に関東大会で優勝して、3年春、全国選抜大会に出場して準優勝。練習試合でも全国の強豪と対戦することもあり、相手の主力選手はどんな選手なのかを見ていた。全国レベルの選手はどういったレベルなのか。ただ僕は、自分の投げるボールに自信が持てないというか、自分の中でのハードルが高いところにあり、今の自分の立ち位置、実力というものが見えていなかったように思う。

僕がイメージの中で追い求めていたのは、野球漫画の世界に出てくるボールだった。一番、影響を受けたのは、高橋陽一さんの「エース!」。主人公であるサウスポーの相羽一八(かずや)が投げていた〝シューティングクロスファイヤー〟(右打者の内角への直球)や、一八のライバルだった間崎竜が投げる〝ドラゴンフライ〟（ドラゴンが舞う豪速球）は相手のバッターを詰まらせて手をしびれさせる。そんな球を僕は理想としていた。

変化球も、なかいま強さんの「わたるがぴゅん！」に出てくる投手が投げる魔球をイメージしていた。現実は違うのに。「こんなボールで全国大会を勝ち抜けるわけない」と、自分の中で勝手にハードルを上げていた。

今、エンゼルスの大谷翔平選手が投手と打者の二刀流として、漫画の世界でしか起きなかったようなことを現実のものとしている。

そこに道があると信じて、自分で切りひらいていける選手というのは、どこかに誰もが持たない発想があり、さらに言えば、「常識」「普通」といったことに疑問を持っている人が多い。他人が作り上げた固定概念にとらわれず、チャレンジをし、自分で考えて自分に合ったものをセレクト、もしくは自分に合った形に消化した上で落とし込んでいく。

大谷選手ほどではないけれど、僕もそうだった。他人からすれば、漫画の世界の主人公と同じことをやろうとするなんて馬鹿か、と言われそうだが、真剣だった。その通りに具現化することはなかったが、小さい時から、圧倒的な一番になるために必要なことは何か、というものを考えていたことだけは確かである。

初めての日本代表

1995年、中学3年生の夏にリトルシニアの全日本代表に選ばれ、ブラジルで行われた「第6回世界少年野球選手権大会」に出場した。僕にとって初めての代表入りだった。24時間かけてサンパウロ、そこからさらに小型機で3時間くらいかけて内陸のロンドリーナという街に行った。メンバーは全国のリトルシニアから18人、そのうちの9人が投手だった。

背番号1から9までが投手で、僕は「2」を付けた。春の関東大会で優勝した越谷リトルシニアの小板佑樹が1番。チームメートには、横浜高校で一緒になる小山良男、常盤(ときわ)良太、小池正晃(まさあき)(3人とも中本牧リトルシニア所属)がいた。

全国から今度は世界へ。相手の練習も真剣に見た。キューバやアメリカはもちろんのこと、台湾の選手の打撃は打球の飛び方が今まで日本で見ていたものと違っていた。

予選リーグの初戦でブラジルと戦ってみると、速さとパワーを感じた。僕の登板の機会はなかったが、センターを守って3打数無安打で試合も2対7の完敗。世界の広さと壁を同時に味わう結果となった。

僕の初登板は2試合目のアメリカ戦で、2番手で投げ、延長10回にサヨナラ負け。味方のエラーとパスボールからのピンチを招いての失点で自責点はつかなかった。3試合目のオーストラリア戦は3番手で投げてノーヒットに抑え、勝利投手になった。その次のグアテマラ戦はレフトで先発出場して右中間に三塁打を放ったことを覚えている。

この当時でも、まだバッティングの自信の方が強かった。野手として全試合に出たいと本気で思っていた。その思いとは裏腹に、リリーフでスタンバイした試合が多かった。そういった試合は途中出場となる。ずっと試合に出られず悔しい思いが残っている。

決勝トーナメントの最初の相手は台湾だった。僕は初回の途中でリリーフに出て、死球を連発した。5四死球で6失点。打撃で盛り返しながらも、試合は12対15で敗れて敗退した。

優勝はキューバで、2位ブラジル、3位アメリカ、4位台湾で、日本は5位に終わった。先発はしなかったが、リリーフとしての防御率がゼロということもあって、予選リーグを対象とした最優秀防御率賞をもらった。だが、そんな個人賞のことより、5位に終わった悔しさだけが残った大会だった。

僕はどの時点で世界を意識するようになったのか。そう考えてみると、初めてアメリカに行きたいと思ったのは、小学校4年生、10歳の時だった。サッカーの三浦知良(かずよし)さんのカッコよさに子供心にひかれ、父との会話の中で「カズは子どもの頃からブラジルにサッカー留学していたからうまいんだ」と聞かされ、すぐに「僕もアメリカに野球留学したい」と言った。学童野球の「東陽フェニックス」で野球を始めてから1年くらいたった時のことだった。

その2年後、「日米親善少年野球」のメンバーに東京代表として選ばれたが、その時は出場を断念した。東陽フェニックスの東京都大会の日程と重なってしまったからだった。

そして、ブラジルでの世界大会。あの時から世界一にこだわっていたのだと今にして思える。大会が終わった後も、僕は「JAPANのユニフォームを着たい」「オリンピックに出たい」と熱が冷めなかった。

大会時のユニフォームに寄せ書きをした時は「世界最強のエース」と記した。ただ、それでも投手をやるのは、やらなきゃいけない、エースにはならなきゃいけないという気持ちからであって、プロへ行くのはあくまで打者としてだと思っていた。今になって第三者目線で自分を置いて考えてみても、まだ「投手」としての思いは強くはなかった。

横浜高校を選んだ理由

世界大会を終え、日本に戻るとすぐ、中学最後の夏の大会、日本選手権が待っていた。江戸川南リトルシニアは夏の関東大会で優勝し、第1シードで2回戦からの登場だった。相手は春の選抜大会の決勝で敗れた京都北リトルシニアだったが、7対1で勝って次の試合に進んだ。

次の相手は中本牧リトルシニア。そう、全日本でチームメートだった小山、小池、常盤が所属していたチームだ。初回、打ち込まれて2対9のコールド負けだった。中学での最後の試合、全日本の疲れも残っていたのかもしれないが、僕は全日本のチームメートとの戦いに敗れて終わった。

さあ次は高校への進路決定だ。僕は当初、横浜高校ではなく帝京高校へ行くつもりだった。帝京のユニフォームがとにかくカッコよかったからだ。帝京の試合はずっとテレビで観ていたし、中学3年時、1995年夏の甲子園でも、決勝で星稜に3対1で勝って優勝していた。

進学先の候補は、帝京、横浜の他にも東海大相模、桐蔭学園などがあった。それぞれの高校の練習を父と一緒に見に行った。中学時代に練習でグラウンドを使わせてもらった関東一にも行った。

帝京の野球部はグラウンドをサッカー部と半分ずつ使っているのは知っていたが、実際に見て、こんな環境で全国制覇を成し遂げたのかと驚いたことは覚えている。

グラウンドは横浜の方が上だった。ブラジルの世界大会でともに戦った小山、小池、常盤に誘われたことも大きかった。

「俺ら、横浜へ行くから一緒に行こうぜ。お前が来たら絶対に甲子園じゃん」

最終的には帝京か横浜かで悩んで横浜を選んだ。ブラジルでの世界大会がなかったら、帝京に行っていたかもしれない。ただ、横浜高校の野球部はともかく、学校のことは何も知らなかった。

そもそも、男子校だということすらも知らなかったのだから。

渡辺監督の見守る中、投げ込み練習をする高3春のセンバツ

第3章

前進
——1996年〜1998年 春

1997年、夏の暴投

人生には何度かターニングポイントと言われる瞬間がある。横浜高校2年の夏、1997年7月29日。僕にとって忘れられない夏の苦い思い出も、その1つ。

僕は横浜高の背番号1を背負ってマウンドに立っていた。準決勝の横浜商業との一戦。8回まで2対1とリードし、残り3アウトを取れば、甲子園まであと1勝という、決勝に駒を進められる状況だった。

打線は9回まで14安打しながら2得点。この年のセンバツに出場している横浜商業ではあるが、僕が試合にしっかり入り込めていれば、抑えられていたと後から冷静になって思う。1対1の同点の8回に、主将の中島周二さんのタイムリーで勝ち越した。しかし、その中島さんに代走が出た。1点目の同点の生還をした際のクロスプレーで足を痛めていたためだった。

「決勝に行ってもキャプテンがいないのか……」

考えてはいけない先のことを考えてしまった。そんな心の隙もあった。

一死二、三塁から8番打者、阿部洋輔選手のライト前ヒットで同点とされた。なおも1死一、三塁のピンチで、9番の途中出場の左打者、岡田辰央選手を迎えて、マウンドに集まった。当然、警戒すべきはスクイズだった。一塁走者を肩越しに見ながら、左足を上げる。三塁走者の動きを見てスタートは切っていないと確認していた。

だが、本塁を向いた瞬間に捕手の小山良男が外角へ立ち上がった。スクイズをしかけられたと勘違いしたのだ。本当は、横浜商業にはスクイズの動きはなかった。僕たちバッテリーが警戒しすぎていただけだった。

ただ、勘違いだったとはいえ、スクイズは対策済み。投球動作に入って足を上げたところで「捕手が動いたら外す」という練習を何度もやってきた。練習通りにやれば、問題にはならなかったはずだった。ところが結果は大暴投。左打者だから外角に外した球が大きく外れて大暴投となったのだが、どうしてあんな暴投になったのか、今でも自分で理解できていない。この試合の134球目だった。三塁走者はホームに生還し、サヨナラ負け。

試合後のことはよく覚えていない。おそらく寮に戻った後、実家に帰った気がする。

何より、あの1球によって、先輩たちの最後の夏を終わらせてしまったことに申し訳ないという気持ちが大きかった。先輩たちからは何度も「お前のせいではない」と言ってもらえたが、僕としては「あの1球」で終わったことがすべて。打たれるでもなく、自分の1球でそれまでつないできたすべてが終わってしまった。

よく、この1球を機に、練習嫌いの松坂の目の色が変わったと言われるけれども、当たっている部分もあるし、違っている部分もある。

1つ言えることは、チームのみんながあの敗戦の意味を考えるようになったことだと思う。それまでの展開で1点でも多く取る、1点でも防ぐ、そのために1プレーをいかに大切にするか。捕手だった同じ2年生の小山は、なぜ三塁走者が走っていない中で、外そうと立ち上がったのか。自分の立場で突き詰めて考えていたように思う。

8月に群馬県月夜野町（現・みなかみ町）にある民宿「常生館」に泊まり込んで合宿をした。その練習がとにかくきつかった。とにかく走って、走っての連続。練習試合の日もあったが、練習試合の後の練習がとにかくきつい。それでも、みんなついてきた。

高校生だから、いつでもストイックというわけにはいかない。けれども、あの地獄とも言える合宿をみんなが、文句を言いながらもクリアしていった。僕も負けたくないと躍起になった。そういう姿が、周りの方から「目の色が変わった」ように見えたのかもしれない。

あの失敗は永遠に取り返しがつかないが、その失敗をどうプラスに変えていくか。敗戦から、大切なことを学んでいた。

1歩ずつ前進した日々

横浜高校に入学して、寮に入った。渡辺元智監督は、僕のことを、ピッチャーとして成長できなかったら、外野手でと思っていたと後で聞いた。だが、小倉清一郎部長は僕を投手としてどう鍛えていくか、しか見ていなかったらしい。横浜高には、小山、小池、常盤に加えて、浜松リトルシニアから後藤武敏も来た。後藤は1年春からホームランを連発していた。

プロへ行くなら彼らより打てるようにならないと駄目だと、僕は考えていた。エースで4番を打ち、バッターとしてドラフト1位指名。それが目標となっていた。

1年春は、ひたすら体づくり。厳しい練習についていくための体力づくりとして、とにかく走らされた。江戸川南リトルシニア時代の2つ上の先輩だった松井光介さんが横浜のエースだった。僕は1年夏に球速は140キロ近く出るようにはなっていたが、投手としての総合力では松井さんとの差は歴然としていた。ただ、悔しさ、反骨心というものはまだなかった。1日も早くバッターとして試合に出たいという気持ちばかりだった。

だが、2軍の練習試合などでも起用は投手としてしかなかった。生意気にも「外野を守りたい」とコーチに訴えたこともあった。走ることばかりで、1年生で僕だけ、先輩投手たちとアメリカンノックを受けさせられた。横浜高校名物「世界一周」。ホームからライトポールへ向かって走り、フライを捕りながら、右中間、中堅、左中間、左翼へ走り、最後はレフトポールからホームへ走ってくる。世界一周どころではなく、世界を何十周もするかのような日々が続いた。

投手としての練習メニューをやりたくない僕は、なんで打撃練習をさせてもらえないんだろう、なんで自分ばかり走らされるのか……、そんなことばかり考えていた。

1年夏は夏の甲子園出場を決めたが、僕はメンバーに入れなかった。それでも、練習の補助要員として甲子園へ行くチームに同行させてもらえた。実際、甲子園練習でもマウンドに立たせてもらった。フェンスが遠く見え、大きい球場だと感じた。

甲子園の雰囲気に呑まれ、多少の緊張もあったのだろう。時間が限られていたから数球だったと思うが、全然ストライクが入らなかった記憶がある。甲子園の土を踏んで、明確な目標、モチベーションになったと思いたいところだが、正直いい思い出としては残っていない。

1年生の秋、新チームで僕の背番号は11だった。秋の神奈川大会の準決勝で東海大相模に負けて、センバツ出場が絶望的となった試合に、僕は公式戦で初めて先発した。何イニング投げたかも覚えていないが、ストライクが入らずに早々に交代した。

その冬、走りに走った。入学時に85キロあった体重は72キロになった。小倉部長は「体を絞らせる必要があった」と後で話していたが、とにかく食べて、食べて、食べまくったのにもかかわらず、体重は落ちていった。

2年春になって、初めて「1番」を背負った。春の神奈川大会を勝ち抜いて関東大会に出場することが決まった時だった。関東大会では1回戦の藤代紫水(ふじしろしすい)戦に先発完投、2回戦は前橋工に延長13回を投げ切って勝つことができた。189球だった。

投げ終わった時の疲労感が、あまりなかった。この1試合が大きな自信になった。決勝では桐蔭学園に勝って優勝。僕はその試合はリリーフだったが、冬の間、投げ込みをほとんどせず、走り込みをメインに練習してきたことで、心身ともに強くなれたことを実感した。

そうして迎えた夏の神奈川大会で、自分の暴投で敗れたのだ。この試合が飛躍のきっかけと見られているのは、それは僕が周囲に注目される存在になった最初だからであって、小さい頃からの積み重ね、そして色々な人との出会いの中で強くなれたのだと思っている。色々な負けがあった。1つの何気ないプレーで、大きな自信を得ることもあった。あらゆる経験を糧にして、1歩ずつ前進していったのだと考えている。

8月の合宿を乗り越え、さらに力感が出て、ボールに強さとスピードが出てきたと感じられるようになった。

合宿中は練習試合も含めてバッターを相手に投げる機会はほとんどなかったが、1年生の冬から続けていた、ベースの上にボールを置いて10球続けて当てる練習をこの合宿でもしたし、下半身、体幹が安定することで、制球力も向上したのではないかと感じられた。そうなると投球もよりダイナミックになる。自分自身で成長を感じられると、自信にもつながる。そんな状態だったように思う。

新チームになって、そういった自信が慢心につながらなくてよかったと思える試合がすぐにやってきた。ブロック予選を3試合勝って迎えた秋の神奈川県大会初戦は藤嶺藤沢が相手。終盤に勝ち越して4対3で勝ったが、反省点が多く見つかった試合だった。絶対的な自信を持って臨んだ大会で、こういう苦しい試合を経験できたことはよかった。

実はこの試合でまた、スクイズ外しのミスを犯してしまったのだ。

僕たちは横浜商業戦での暴投の反省から、三塁走者の反応を見て外すことはやめようと決めていた。投手と捕手で一瞬の判断で違うことを考えてしまう危険性があったし、投手の本能として、捕手が立ち上がると、とっさに失投してしまう可能性もあったからだ。渡辺監督、小倉部長とも確認し、サインを作った。

だが、ミスは起きた。

7回、1点差に追い上げられて、なお三塁の場面。外せのサインが出ない限りは外さないつもりだったが、捕手の小山が突然立ち上がった。でも僕はそのまま外さずに投げた。僕の投げた球は審判に直撃。審判のプロテクターに当たって跳ね返ってきた。結果的に同点にとどまったが、あそこで負けていたらと思うと……。

こういった経験ができなかったら、心の隙というものが、どこかの試合で命取りになっていたかもしれない。その意味で大きな試合だった。

その後は気持ちもしっかりと引き締まって神奈川県大会を制し、春のセンバツがかかった関東大会へ進んだ。初戦となった２回戦の水戸商、準決勝の浦和学院に連続コールド勝ち。決勝では日大藤沢に延長10回、２対１で勝って、センバツ出場を決めた。

３試合に完投、23回を投げて２失点、24奪三振だった。相手に合わせるのではなく、自分の投球をすれば抑えられるという自信も試合を重ねるごとについていった。

その後、11月に行われた秋の明治神宮大会。全国の秋の地区大会での優勝校が集まる大会で、いわゆるセンバツの試金石ともなる大会だった。初戦が豊田西、準決勝は国士舘、決勝では沖縄水産に勝って優勝した。各地区の優勝校、しかもセンバツでも対戦する可能性のある学校だから、勝てたことは自信にはなったが、僕は３試合とも完投しながら、すべての試合で失点した。

全国レベルで圧倒できる段階にまだないということを自覚できた。センバツでは４、５試合を１人で投げ切ろうと思っていたし、たかが３試合で圧倒できなかったことで、自分自身のレベルをさらに上げ、連投にも耐えうる体力を今以上につけなければいけないという思いになった。

その冬は右膝の状態がよくなかったこともあり、マウンテンバイクに乗って学校からグラウンドまでの坂道を往復した。これは下半身をより安定させる意味で大きかった。投球練習でも、指にかかる感触の違いから、パワーが増していることを実感できた。

そしてやっと、甲子園のマウンドに立つ日がやってきた。

僕たちは優勝するために甲子園に来ているんです

1998年の第70回記念選抜高等学校野球大会。僕は3月28日、大会3日目2回戦の第1試合、報徳学園戦に臨んだ。

2回、5番の鞘師智也(さやしともや)への4球目に投じた1球は、プロ球団スカウトのスピードガンで「150キロ」を計測した。スピードガンが普及した1980年以降で初めて150キロの大台に載せたということが話題になった。だが、僕にとっては、2年秋の時点で140キロ後半はいつでも出せるようになっていたし、冬を越してさらに体が強くなったという感覚があったから、150キロの数字にも驚きはなかった。

試合は9回に2点を失ったが、6安打2失点で完投し、6対2で勝利した。奪った三振は8つと少なかったが、調子自体は悪くはなかった。この試合は、雨で中止となって1日スライドしての登板。中止前日、僕は練習後、1人で部屋にこもり、マウンドをイメージした。集中力も研ぎ澄まされていたと思う。試合前には渡辺監督からも「三振を取りにいくな。チームプレーに徹しろ」と指示もあったし、とにかく投球が単調にならないように気をつけた。

実はこの試合前の投球練習で、ナインが緊張していることが分かったので、緩和させる意図であえてバックネットへ大暴投した。どんなに力があっても、自分たちの自信があったとしても、初戦という舞台では何が起こるか分からない。先制点だけは絶対に与えたくなかったし、ただ投げるだけではなく、チームのためにできることをまっとうできたと思う。ただ、打撃の方は４番を任されながら４打数無安打。その方が悔しかった。

４月３日の３回戦は東福岡が相手となった。報徳学園戦でノーヒットということもあり、打順は４番から６番に下がった。東福岡には「投手で主軸」の村田修一がいた。東福岡も出雲北陵を５対０で破り、村田は完封していたし、この選手をどう抑え、どう打っていくか、それが問題だった。

もちろん最後まで投げ切ることしか考えていない。さらに言えば、この試合も含めた４試合をどうマネジメントするか。球速よりも、決勝までを見据えながら、各試合にどう集中するか。この試合も集中力が途切れないよう引き締めて投げた。

初回先頭の２年生、１番の田中賢介にはセンター前に運ばれたが、注意していたのは３番の村田だった。４打数ノーヒット、２三振に抑えたが、対戦していてスイングの速さが違うと感じた。村田だけは失投したらホームランになるという不安を感じ、細心の注意を払って抑えた。

試合は初回と３回に安打こそ許したが、４回以降はノーヒット投球。９回２安打無失点で３対０の完封勝利。13奪三振だった。「完封勝利」の宣言を有言実行できた。

打撃面でも6回1死一塁の初球、内角低めのカーブをすくい上げてレフトフェンス直撃の先制二塁打を放った。カーブをある程度狙っていて、感触は悪くなかったが、あと1歩スタンドまでは届かなかった。それでも、この1本は本当にうれしかった。横浜高は優勝した1973年以来、25年ぶりのベスト8となったが、もちろんここで満足するわけがなかった。「僕たちは優勝するためにここに来ているんです」と言った。

準々決勝は4月5日の郡山戦だった。郡山はバットを短く持ってコンパクトに振ってきたが、自分の投球をすれば打たれないと、自信を持って臨むことができた。

初回、直球を安打されると変化球を多投した。この甲子園に入ってから、帽子のひさしの裏に「One For All」と書き入れた通り、この試合は2ストライクと追い込んでも強引に三振を狙おうとはせず、打たせて取るチームプレーを心掛けた。準決勝、決勝を含めて3連投となることが分かっていて、体力を温存したかったのもある。

結果は5安打で2試合連続の完封勝利。4対0で勝利した。打っても6番のままだったが、2回先制の二塁打を含む3打数2安打を挙げた。チームも14安打を放つなど、チーム全体で状態が上がってきている感触を得た。

運は最善を尽くした先にある

続く準決勝はＰＬ学園戦。

リアルタイムでは見ていないが、桑田真澄さん、清原和博さんの甲子園での活躍を映像で見たりして目に焼き付けてきた僕にとって、ＰＬは特別な相手だった。高校野球の象徴とも言える存在だった。もちろん準決勝まで勝ち上がれば、ＰＬと当たることは分かっていたし、もっと前から、センバツ出場が決まった時から戦いたいと思っていた。意識するなといっても無理な状況だった。

大会前から数々のマスコミの取材を受けたが、初戦で１５０キロをマークすると、その数はさらに増えた。マスコミの方々には常に意気込みを問われてきて、僕もビッグマウスと言われた通り、今見たら、自分でも生意気すぎると感じるほどのことを言ってきた。ただ、当時も高校生とはいえ、あれは言ってはいけなかったとすぐに後悔したのが、ＰＬ学園の中村順司監督への発言だった。

中村監督は、大会前からこの大会をもって勇退することが報じられていた。そのことを受けて質問され、僕は「今日で辞めてもらいます」と言ってしまった。後日、高校日本代表の監督を務めた中村監督に、しっかりと謝ったが、本当にこの当時は、自分の言ったことがどういう影響を与えるか考えられていなかった。恐ろしい18歳だったなと思う。

ＰＬも中村監督を優勝で送り出そうと士気が上がっていたと思う。自分の中では決勝のつもりで投げた。６日に行われるはずだった試合が、１日雨天順延となったこともあり、より体力が回復した状態で投げられた。そしてＰＬを優勝するのに最大の壁と考えていたことも、力をセーブすることなく投げることにつながった。

初回から飛ばしていった。３回までノーヒット投球だったが、こちらも得点は奪えなかった。試合は６回に動いた。

２死満塁のピンチを背負い、バッターは４番の古畑和彦を迎えた。内野陣がマウンドに集まった。一呼吸おいて投げた初球だったが、三塁線を抜ける２点打になってしまった。重たい先制点を許したが、追い込まれた感じはなかった。新チームになって先制されたのは、公式戦ではおそらく２試合目。でも、自分たちの練習量、そして試合を重ねる中で積み重ねた自信から、追いつけるとも思っていた。みんなが自分の力を本当に信じていたと思う。

ベンチでは、「さすがＰＬだ」との声も出たが、それでひるんでいるわけでもない。相手の強さをしっかりと認めた上で、「どうやって得点するか」ということを話し合えていたから。２点を追う８回。先頭の加藤重之がライト線に二塁打を打つと、ＰＬ学園はエースナンバーを背負う上重聡がマウンドに立った。

松本勉が四球、小池が送って１死二、三塁。ここで４番に入った僕に打順が回ってきた。２ボール１ストライクから、１３８キロの直球を打ったが、結果はサードゴロ。それでも三塁走者で本塁に突入した加藤の左肩にバックホームの送球が当たり、ファウルグラウンドにボールが転々とする間に二塁走者まで生還し、同点に追いついた。

大会中の宿舎の近くに大阪護国神社があり、恒例となっている早朝の「必勝祈願」で、渡辺監督は「優勝するには実力の他にも運が必要なんだ」と話していた。試合後、僕はこの話について「何かそういった力を感じました。監督の言っていたことが分かった気がします」と話したのだが、ただ偶然、幸運だと単純に片づけることはしたくない。

僕の打撃はもちろん駄目だったが、三塁走者はまず、三塁手の捕球位置、捕手のポジショニングを確認し、送球がしづらい方向へ走塁する。守備側も走者側もそんな練習をしっかりとこなしてきていた。だからこそ、送球は肩に当たったのだと思う。どんな時でも、どんな細かな走塁でも、全員が意識高く練習を積んできた。偶然や幸運というものは、自分たちが最善を尽くした先にある。

流れを引き寄せると、9回無死一、三塁から加藤のスクイズで決勝点をもぎ取った。その裏、1死から走者を出したが、もう追いつかせる気はなかった。決め球は133キロのスライダー。最後の打者・倉本を見逃し三振に仕留めた。9回5安打2失点。何より勝つことを求め、それをチームみんなで勝ち取れたことがうれしかった。

大きな関門を突破して4月8日に関大一との決勝戦を迎えた。相手は準決勝で日大藤沢を破っていた。準決勝の試合後、宿舎でテレビ観戦したが、関大一はＰＬよりは打力はないと思った。それは慢心ではなく、率直な思いだった。自分の投球をすれば打たれない。ＰＬと正面からぶち当たって勝つことができた自信を胸に、決勝戦へと向かった。

だが、やはりＰＬ学園戦の激闘を終え、４試合を投げ抜いてきた疲れは確実にあった。腰が張って、しゃがむことができない。試合前の円陣を組んだ時も、中腰で膝に手を当てて監督の話を聞いた。手を当てていないと痛みを感じるくらいだった。

明らかに序盤からボールが走っていなかったが、だからこそ配球を重視する投球になった。球速は１４０キロ前後だったと思う。小手先で力を抜くのではなく、しっかりと体全体でボールに力を与えながら、うまくかわしていく。そういう投球を心掛けた。

今大会の６１８球目。「これで終わりだ」と、最後の１球は力を込めた。空振り三振。後から知ったが、この球がこの試合最速の１４５キロだった。４安打の完封勝利。打っても５打数２安打。

僕たちは春のセンバツで優勝した。

５試合、45イニングを投げ抜いたが、やはりまだまだ投げ抜く体力が足りなかった。配球を突き詰め、打者への洞察力を高めることが必要だと感じた。夏はもっと大変だと思った。

最初は江川卓さんの持つ一大会60奪三振の記録更新も狙っていたが、まだまだ実力は足りなかった。43奪三振。それでも優勝するために戦い、勝ち切れたことは大きな財産となった。

その日のうちに横浜へと戻った。新横浜駅に着いたのは午後9時11分だった。待ち受けていたファンの方々に囲まれながら、何とかタクシーに乗り込んだ。ようやくホッと息をついたが、ここからはみんなが「打倒・横浜」を目指してくる。

渡辺監督や小倉部長も「夏は松坂1人じゃ投げ抜けない」と他の投手への奮起をうながしていた。僕は逆にもっと鍛えて、1人で全部投げ抜きたいと、決意に似た思いを持った。

高３夏、甲子園優勝の瞬間

第4章

激闘

——1998年 夏

春夏連覇に向けた日々

センバツで25年ぶり2回目の優勝を手にしてから2日後の4月10日。横浜市金沢区の横浜高グラウンドで中学・高校の全校生徒約1900人を前に優勝報告会を行った。

僕はこの場で「自分たちのチームが本当に強いということが分かった。春は通過点。夏も連覇を目指します」と言った。もう優勝の余韻はなくなっていた。敗れた学校は「打倒・横浜」を目標に、練習を始めている。最後まで試合を戦っていた僕たちがダラダラしているわけにはいかない。

野球部の活動は12日から再開したが、まずはセンバツの疲れを取るため、僕は2週間のノースローで肩を休めた。4月は投げ込みを一切行わなかった。ウエイト、自転車トレーニングを中心にした。

本格的な投球練習は5月になってからだったが、夏の神奈川大会のシードを決める春季県大会はすぐに始まった。4月18日の3回戦、柏陽(はくよう)に10対0で5回コールド勝ちしたが、僕は5回1死満塁の場面で代打で出場。三塁強襲の2点タイムリーを放った。ピッチャーとしては4月30日の準々決勝、慶應戦に登板した。2番手で登板し、2イニングを無失点で抑えた。

九州大会では、沖縄水産の新垣(あらかき)渚が151キロを投げたことも小倉部長から聞いていたが、周囲のことよりも自分を高めることが先決。そう自分に言い聞かせていた。

　話を戻して、神奈川大会での僕はというと、５月４日の準決勝・横浜商業戦も８回から登板。翌５日の決勝・東海大相模戦では先発マウンドに立ったが７回８失点。それでも打線が爆発して17対８で勝利した。この試合、初回に３四死球と2安打でいきなり5失点。その後も修正できなかった。ただ、この一戦は僕にとっても教訓となった。上体の力に頼ったフォーム、修正すべきチェックポイントがはっきりした。

　５月10日。横浜高グラウンドで行われた帝京五との練習試合。５四球を与えたが、ノーヒットノーランを記録した。投げていく中で、５回くらいから、春のセンバツ時のいい投球フォーム、感覚を思い出せた。

　夏の大会までに、センバツで感じた課題を自分なりに消化しなければならない。１つは打たせて取る投球、もう１つは三振を狙って取ること。ギアをどういった場面で上げるのか、１つひとつの試合の中で、自分の中にハードルを設定していた。

　16日から始まった関東大会。埼玉栄戦に先発して最速１４８キロの直球で先発全員から12三振を奪い、無四球の完封勝利を挙げた。調子はよくなかったが、肩の力を抜きながら投げ、その中でリズムを作っていく。センバツで１つの引き出しとして持つことができた投球スタイルで無四球だった。

準々決勝、準決勝は登板することなく、20日の決勝は、センバツでベスト4に入った日大藤沢戦となった。結果は、延長13回の末1対0で完封勝利。150球で2安打、19三振を奪った。初回から飛ばしていったが、スタミナに不安はなかった。打者42人に対して、外野へ飛ばされたのは3度だけだった。

実はこの日大藤沢戦こそ、僕の歴代ベスト投球の1つ。この時はバッターを見ていなかった。キャッチャーミットだけ。自分でボールを放すリリースまで見えていた。腕が前に出てくる感覚。どうやって投げたのか自分でも覚えていない。プロに入ってからも、そういう感覚で投げられた球は数えるくらいだった。

その後の練習試合では、それまで数球しか投げていなかったフォークボールを磨いていった。

そしてついに、夏の甲子園出場をかけた東神奈川大会を迎えた。横浜高は7月18日の2回戦からの登場だった。神奈川で自分たちが負けるわけがない。しかも、夏の大会は春と異なり、東西で2分割された地方大会だ。揺るぎない自信を持って大会に臨んだ。

2回戦は9回の1イニングだけの登板。最後の1球だけ、狙って力を入れた。スピードガン表示は150キロだったという。実は悔しかった。新垣の151キロを超えたかった。新聞などのメディアでは、高校生投手について、「最速○○キロ右腕」とかの枕詞がつく。新垣には151キロと表記されており、超えておきたかった。3回戦では登板はなく、4回戦もコールド勝ちの中で4回無失点。打ってもバックスクリーンに本塁打を放った。

小学生の頃からバッターとしてプロに行くことを目標にしてきた。投手はあくまでチーム事情で投げなければ勝てなかったから。横浜高でも、打者として誰よりも打てなければ、プロに行けないと思っていた。それがセンバツで優勝。「投手・松坂」として注目される一方、自分の中で大きな変化はなかった。投手としても全国で通用することが分かったが、僕は「投手としてだけでなく、打者としてもプロのスカウトに評価されたい」と思うようになっていた。

準々決勝も勝ち抜いて、横浜高は横浜スタジアムでの準決勝・横浜商大戦に臨んだ。

結果は初回から打線が爆発しての25対0の大勝となった。準決勝からコールドを適用しない神奈川県のルールにより9回まで戦い、チームで27安打を放った。9回、僕は本塁打を狙っていた。内角高め直球を振り抜いた打球は左翼席最上段まで伸びた。投球ではまたも最速は150キロだったが、90球での完封勝利だった。1年前は僕の暴投で敗退した準決勝。意識しないはずがなかったが、投打にキッチリした野球ができた。

7月28日の決勝・桐光学園戦。投球の内容は最低に近かった。最速は148キロをマークしながら、制球が定まらない。2回には自身初の押し出しで今大会チーム初失点も喫した。7回には右足ふくらはぎがつるアクシデントもあったが、引きずることはない。153球を投げ3失点だったが、気持ちは切れることはなかった。14対3の快勝。春夏連覇へ向けて、甲子園行きの切符を手にすることができた。

夏の甲子園、ついに開幕

8月1日に大阪に入った。4日に行われた組み合わせ抽選会で、横浜高は大会5日目第1試合で柳ケ浦との対戦が決定した。

沖縄水産の新垣は最速155キロを予告していた。「スピードでは（松坂に）負けたくない。155キロを出しますよ」という発言だった。僕は負けず嫌いの性格からか、対抗して「自分は春、日本一になりました。当然、スピードでも日本一になりたい。負けたくありません」と言ってしまった。優勝だけでなく、投手としての実力でも他を上回りたいと思う気持ちがあった。

初戦は8月11日の第1試合の予定が、それまでの試合消化から1試合ずれ込み、11日の第2試合になった。朝は強い方ではないので、時間が遅くなるのは歓迎だった。ただ、調子はよくなかった。高めにボールは浮くし、スライダーの制球も悪かった。それでも結果は3安打1失点の完投勝利。失策による失点で自責点は0だった。ただ、フォームがどこかしっくりきていなかった。6四死球を与えた。

2回戦は鹿児島実と八戸工大一の勝者との対戦となる。両校の試合をテレビで見ていると、鹿児島実の杉内俊哉がノーヒットノーランを達成した。相手がいい投手であればあるほど燃える。僕のスイッチは自然と入った。2回戦は8月16日だった。

この試合では久々に4番に座った。初打席では2死一塁で杉内のカーブに空振り三振を喫した。この時に本気でヤバいと感じた。目の前で球が消える感覚があった。「これは打てないです」と渡辺監督に言ってしまうくらい、素晴らしい球だった。

打てないならこちらも打たれるわけにはいかない。投手戦となったが、6回1死三塁から後藤の犠牲フライで先制。これでいけると思った。

8回の第4打席。それまで杉内に3打数無安打に封じられていたが、打席に立つごとに彼の球威が落ちていたのが分かった。8回の第4打席。カーブを狙って振り抜いた打球は左翼席に飛び込む2ランになった。甲子園通算7試合目にして、初アーチ。本当にうれしかった。この回5点を奪って杉内を攻略した。実は杉内対策にゴルフスイングのような打撃練習も行っていて、その効果が終盤に出たのだ。

投げては5安打の完封勝利。9回に連打で二塁に走者を置いたが、それまでは二塁を踏ませなかったし、無四球で終えることができた。初戦はしっくりこなかった投球もリズムが出ていた。春も合わせて7試合目の甲子園で、一番と言える試合となった。

さらにうれしかったのが、この試合で最速151キロが出たこと。新垣渚の数字に肩を並べた。1回戦は139球だったが、この2回戦は108球。十二分に余力を残して、3回戦に向かうことができた。

ところが、優勝候補の1つとして挙げられていた鹿児島実にいい試合運びで勝てたことで、自分たちは意識していなくても、どこかに気の緩みというものがあったのかもしれない。

8月18日のことだった。大阪市内の南港中央野球場での練習。僕はブルペン投球を終えた後だった。シートノック後のバント練習でみんなが失敗の連続。緊張感というものが足りないと感じた渡辺監督が「もうやめろ!」と一喝。2時間の予定だった練習を実質30分で切り上げた。宿舎のミーティングにも渡辺監督は顔を出すことはなかった。

みんなで「どうしよう」と青ざめる中、宿舎近くのバッティング練習場に行った。僕は「ストラック・アウト」でピッチング練習を行ったことを覚えている。8月19日の3回戦の星稜戦から決勝まで4日連続で試合が組まれていた。もちろん全試合投げるつもりだった。

星稜の各打者は僕のボールを見てきた。いわゆる待球作戦。対戦したのべ33人のうち、初球からバットを出したのは犠打した1人だけだったと記憶している。4安打2四球で2試合連続完封、13奪三振だったが、球数は148球を要した。

試合直後の一塁側ベンチ。佐賀学園戦を前にしたPL学園ナインとすれ違った。「あした、やろうな」と声をかけられ、僕も右手を挙げて応えたが、まさかあんな展開になろうとは考えてもいなかった。

準々決勝、激闘の250球

8月20日、ＰＬとの準々決勝。延長17回、２５０球を投げた僕にはもう余力はなかった。壁にもたれるように立って答えたインタビュー。何を聞かれても言葉が出てこない。考える気力すらなかった。

「ＰＬには特別な強さがあった。今までの野球人生の中で一番苦しい試合だった」

そう絞り出した言葉は本心だった。本当に強かった。

2回。僕は3点を奪われた。実は捕手の小山の構えが、直球と変化球で違っていたらしい。直球の時はしっかりと腰を落として構えるが、変化球の時は少し腰を浮かせ、柔軟に対応していた。その微妙な違いをＰＬ学園は見抜いていた。ただ、いくら球種がバレていても、それをねじ伏せられなかった僕が悪い。僕の調子がよかったら、打たれないと、そう思っていた。

8時30分開始の試合で起床は4時。僕は2～3時間くらいしか睡眠時間が取れていなかった。渡辺監督からも睡眠薬がいるかどうか聞かれたが、寝られると思っていた。それが間違い。さらに、宿舎から甲子園球場までのバス移動で眠ってしまった。体が動かない中で試合前のブルペン投球を行った。とにかく調整ができておらず、立ち上がりが悪かったのは僕の責任だった。

3点のビハインドを背負ったが、まだ序盤。4回に小山が2ランを放ってくれて1点差。すぐに1点を失ったが、5回に同点に追いついた。この5回、さらに1死三塁の勝ち越しの場面で、サードゴロが飛んだ。そう、センバツの時に同じシチュエーションで、三塁走者の肩に送球が当たり、得点したシーンだ。ただ今回は、三塁手が捕手の構えとは違うコースに送球する機転を見せ、タッチアウトとなってしまった。

のちに聞いたが、PL学園はこうした場面での守備をしっかりと練習の中でこなしていたという。失敗を次に生かし、同じ過ちを繰り返さない。延長17回という数字がクローズアップされることが多いが、そこに至るまでの1つひとつのプレーの中にPL学園の意地を感じていた。

7回に1点を勝ち越され、4対5で迎えた8回の攻撃前に渡辺監督から「勝つ気があるのか」とゲキが飛んだ。マウンドには、エースの上重聡が7回から上がっていた。8回2死一塁。ここで一塁手がなぜか、一塁ベースを空けた。本来なら、盗塁を警戒して一塁手はベースにつくが、なぜか空いた。このちょっとした隙をキッチリ突くことができた。一塁走者が二塁盗塁に成功。そして小山が同点のライト前ヒットを放った。

延長11回表のことだった。先頭打者の僕の当たりは三塁への強烈なゴロだったが、それがイレギュラーバウンドしてヒットとなった。1死二塁。ここで続くバッター、柴武志がセンター前ヒットを放った。僕は必死に走った。タイミングはアウトだったかもしれないが、捕手がボールをこぼして待望の勝ち越し点が入った。この試合、初めてリードを奪った。裏を僕が抑えれば勝利だった。

しかし11回裏、２死二塁から５番の大西宏明にレフト前ヒットを打たれて同点。６対６。切れそうで切ってはいけない気持ち。そう、気力だけで延長戦は投げていたように思う。

僕は13回はライト前ヒット、15回にはレフト前ヒットを放った。走者に出た時には、両膝に手を置いていた。16回には味方に１点を勝ち越してもらった。しかし、その裏、１番の田中一徳にレフト前ヒットを浴びるなど１死三塁のピンチを招いてしまう。そして、次の打者の打球は僕のグラブを少しはじいてショートゴロに。一塁送球と同時に三塁走者はスタートを切った。

本来なら、ベースにつかずにその送球を前で捕って、さらに本塁へ送球すればアウトのタイミングだが、投手も野手も限界を超えていたのだと思う。一塁手の後藤はベースについたまま捕球、その後本塁へ投げようとしたが、この時、ヘッドスライディングした打者の手が後藤の右足に引っかかって、バランスを崩して大暴投となった。同点。この時はもう延長18回、再試合も覚悟した。

８時30分に始まった試合はすでに正午を回っていた。17回表の攻撃も２死走者なし。しかしここで相手のミスから走者が出る。打席に立ったのは、高校入学で横浜に行こうと声をかけてくれた常盤良太だった。「絶対に勝つからな」と打席に入る前に僕に言ってくれたことは覚えているが、おそらく返事はしなかったと思う。その気力すらなかった。

その初球、ＰＬ学園・上重の直球が真ん中に入ったところを振り抜いた打球は、右中間スタンドへ入った。ベンチ前でキャッチボールを続けていた僕は、本当に感謝の思いだった。目が潤んでいて、泣いたと報じられた。さすがに泣いてはいないと思うが、最後の力を与えてくれたのは確かだった。

その裏、２５０球目のスライダーが決まって見逃し三振で試合終了となった。もうガッツポーズとか、そんなことをする力は残っていなかった。やっと終わった。その思いだけだった。

横浜高ナインの中には泣いている選手もいた。だが、ＰＬ学園の選手たちはみんなが笑っていた。勝って泣き、負けて笑う。感情をあらわにしたのは、グラウンドで戦った選手だけじゃない。スタンドでずっと変わらぬ熱を持って応援し続けてくれた方々。ミスも出たし、最後はパフォーマンスも落ちたかもしれない。だけど、最後の１球まであきらめずに投げ、打ち、走った。

この時戦ったＰＬ学園の選手とは、今でも大切な仲間として交流が続いている。集まれば、「俺はあの時……」「実は……」などと思い出話に花が咲く。ＰＬ学園のエースだった上重は「この戦いがずっと続けばいい」なんて思っていたそうだが、僕は「早く終わってほしい」とずっと考えていた。それぞれに、強烈な印象として残ったシーンを自分の思い出として持っている。

多少は美化しながら、大切にしまっているのだと思う。

3時間37分の激闘。僕もこの試合のことは忘れたことはないし、人生というアルバムの大切な1ページとなっている。

コールが起きるなんて想像もしてなかった

8月21日の準決勝の明徳義塾戦は、また違った意味で、チームとしての強さ、精神力を発揮できた試合だった。僕は「4番・レフト」で出場した。8回表が終わって0対6。小池たちが涙を浮かべ始めた。ただ僕も含めて、みんながあきらめてはいなかったと思う。

レフトに入っていた僕は、7回裏に渡辺監督から「甲子園のファンに最後にマウンドの姿を見せるために準備しておけ」と告げられた。これには正直、ムッときた。ナインもその言葉に「冗談じゃない」と思ったらしい。8回裏、先頭打者が失策で出ると、松本がライト前ヒット、後藤がセンター前ヒットでまず1点を返す。僕も何とか内角直球をセンター前へはじき返して2点目を挙げた。さらに暴投で3点目が入った時だった。僕はベンチ前でテーピングをはがした。

実はこの時、マスコミのカメラがこちらを向いているなというのは分かっていたので、おそらく顔は少々作っていたとは思う。本当はベリッとはがしたかったけど、こびりついてはがれない。皮膚もむけるんじゃないかと思ったので、ベンチに戻って水をつけながらはがした。

結局、4点が入り、4対6となって、マウンドに向かう時の歓声は今でも覚えている。球場全体から沸き起こった松坂コール。個人名でコールが起きるなんて、想像もしていなかった。

甲子園球場は、その大会ごとに顔を変える。そんなシーンを何度も見てきたが、この瞬間の「松坂コール」、そして横浜高へ期待する雰囲気は、僕たちの背中を押してくれたし、明徳義塾の選手には、すごい重圧になった。のちに明徳義塾の選手からは「あの時、俺たちは勝っちゃいけないんじゃないかと思った」と聞いた。

9回表は全部で15球。先頭打者を三振に仕留め、2人目に四球を与えたが、続く打者をセカンドゴロ併殺に仕留めた。この回だけはリズムよく抑えて戻りたかった。この雰囲気のまま、9回裏へと向かいたかった。

その9回裏は先頭打者のライト前ヒットから無死一、二塁。もう押せ押せムードになっていた。続く捕手前の犠打は、三塁への悪送球を誘発して無死満塁。ここで明徳義塾は前進守備を取った。3番の後藤の打球は大きくバウンドしてショートの頭を越える同点の2点ライト前ヒット。ここで僕の打席が回ってきたが、キッチリ一塁線へバントを転がすことができた。自分たちを見失わず、できることをしっかりとやる。逆転できたのは、そんな1つひとつのプレーの積み重ねがあったからだ。

その後2死満塁となったが、続く柴の打球は二塁後方へ落ちるサヨナラヒットとなった。この場面、2アウトの時点で、明徳義塾の内野手はいつもなら前進守備から定位置に戻っていたと思う。だが、この時は定位置に戻り切れていなかった。甲子園の魔物のなせる業(わざ)なのかもしれない。

チームで成し遂げたノーヒットノーラン

1998年8月22日、京都成章との決勝戦。僕はノーヒットノーランを達成した。大記録を達成する時というのは、どこかにターニングポイントとなる投球が、やはり存在する。僕にとっては2球あった。

全身は重たく感じていたし、いつもよりも動いてくれない。2日前に延長17回、250球の死闘を制し、前日の準決勝は最後のマウンドに立った。疲れていた僕は、ガラにもなく打たせて取るピッチングをしようと思ってしまった。

どこかで京都成章をなめていたのだと思う。その考えをすぐにかき消してくれたのが、初回の1番バッター、京都成章の主将・澤井芳信だった。初球のボールの後の2球目、ストレートをとらえられた打球は三塁を襲った。やられたと思った瞬間、三塁手の齊藤清憲がグラブに当て、アウトにしてくれた。この瞬間に、僕の目が覚めた。打たせて取ろうなんて無理、甘い考えだと。すべての雑念を拭い去ってくれた。

初回先頭の一打。今思えば、あの1球は相当大きかった。あの一打がなく試合前の気持ちのまま、打者一巡を抑えていたとしたら、僕は間違いなくノーヒットノーランをやっていない。

もう1球は4回1死からの2番バッター、田坪宏朗の一塁線上の当たり。これはファウルの判定になった。やられたと思ったシーンで、僕にとってはラッキーだった。この判定は、どちらに転がってもおかしくなかったと思う。

8回にマウンドに集まった時にはショートの佐藤勉が「ノーヒットノーランやっちゃえよ」と言った。「あーあ、言っちゃった」と答えたのも覚えている。試合の途中から野手の雰囲気が変わっていたから、リラックスさせようとしてくれたのだと思う。

ノーヒットノーランは、僕だけの力では絶対にできなかった。9回1死、澤井の打球が三塁へ飛んだ時、齊藤が弾いた後に間一髪一塁でアウトにした時もそう。絶対に守り抜くというみんなの思いは、マウンド上の僕の背中に伝わってきた。

この試合で、唯一、三振を取ってやろうと思ったのは、1球だけ。それは9回2死、2ストライクになった時だった。狙い通りに最後の打者を空振り三振に斬った時、ようやくノーヒットノーランを達成したのだと実感した。クルリとバックスクリーンを向いて、拳を握った。なぜああいうポーズにしたのか。バックスクリーンにいるカメラマンに向けたのではないか。

色々なことを言われたが、最後のスライダーの後、そのままガッツポーズをしたら、後ろ向きになったというだけのこと。

ちなみに、早稲田実業の斎藤佑樹選手が同じことをしていたのを見て、真似をしてくれたのだと後で聞いた。偶然ではあるが、このワンシーンを覚えてくれている方がたくさんいる。本当にありがたい。史上5度目の春夏連覇。決勝戦でのノーヒットノーランは1939年第25回大会で海草中（現・向陽高）の嶋清一投手が達成して以来59年ぶり2人目の快挙だったと聞かされた。

僕たちにはまだやらなければならないことがあった

この春夏連覇は、濃密な練習をこなしてきた自信がもたらした成果だ。普通にやっていれば、どこにも負けないと思っていたし、甲子園だから、連覇がかかっているからと気負うこともなかった。メンバー1人ひとりを見ても個性派集団だったが、チームワークは抜群によかった。部員は100人以上いたが、選手間に垣根はなかった。

渡辺監督には精神面を徹底して鍛えられ、小倉部長には技術を叩きこまれた。でも、厳しさにギスギスした感じはなかった。僕らもいつからか、監督や部長がどんなに厳しい練習を要求しようとも、それ以上のものを出そうとした。グラウンドに活気があった。

練習は厳しかったが、効率化は図られていたし、だからこそ自由時間もしっかりとしていた。そういった自由時間を利用して、桑田真澄さんや、5714奪三振のメジャー歴代最多記録を持つノーラン・ライアンさんの本も読んだ。甲子園に行ったからといって、大会期間中に特別な規律があったわけでもない。監督や部長が自分たちを信じてくれた。

8月23日に横浜に戻った。新横浜駅に到着すると、ホームから改札まで続く人の〝花道〟が出来上がっていた。団体専用口から出たのだが、待ち受けたのは報道陣のテレビカメラ約10台と約5000人の人、人、人……。あらためてすごいことをしたんだなと実感できた。

高校に戻ると、ここでも約5000人のファンが校庭に集合していた。優勝した日はカラオケパーティーで、寝たのは朝5時頃だった。さすがに疲れはあったが、渡辺監督は「秋の神奈川国体も制覇して有終の美を飾りたい」と言った。

そう。僕たちにはまだやらなければならないことが残されていた。

西武入団会見で東尾監督と

第5章

決断

——1998年 夏〜冬

ライバルが仲間に

史上５校目の春夏連覇を達成してから４日後の８月26日、大阪市西区の中沢佐伯記念野球会館で行われた第３回アジアＡＡＡ野球選手権大会の全日本チーム結団式に出席した。僕は高校日本選抜のメンバーに選ばれたのだった。

ただ、練習当初はブルペン投球を行わなかった。最初のブルペン投球は９月１日で、夏の甲子園決勝から10日ぶりだった。

アジアＡＡＡ野球選手権には、アジア・オセアニアから８つの国・地域が参加した。日本は１次リーグＡ組に入り、初戦は９月４日の中国戦だった。僕は杉内俊哉の後の２番手で、８回から２イニングを投げた。４安打で２奪三振の、試運転だった。

次は２次リーグの８日の台湾戦に先発し、９回10安打４失点で完投、何とかチームも５対４で勝利した。舞台は甲子園。10安打されたが、内容は悪くなかった。10日の韓国戦は５回途中から登板して４回２／３をパーフェクトリリーフで試合にも勝つことができた。

決勝は９月13日だった。アジア王座をかけた一戦は僕の18歳の誕生日でもあった。相手は台湾。日本は１対１の同点で迎えた８回、東出輝裕（あきひろ）のスクイズで勝ち越し。僕は１２６球で完投勝利。２度目の台湾戦だったが、しっかりとアジアナンバー１の座を勝ち取ることができ、大会MVPにも選ばれた。

甲子園終了後、夏休みはたった1日だけだった。このアジアAAA選手権では、危険防止のため外出禁止令が出され、少しだけ息苦しかったが、甲子園で戦った仲間と過ごした期間も僕にとっての宝物の1つとなった。

高校生活、有終の美

さらに僕たち横浜高には、国体の優勝という、まだやらねばならないことがあった。1979年の箕島（みのしま）以来となる、甲子園春夏連覇に加えての国体優勝。さらに公式戦無敗で卒業という記録もかかっていた。9月24日に練習を再開したが、周囲では僕の進路の話題が連日のように出た。ただ、やるべきことは変わらない。プロに入るにしても、しっかりと練習を積まなければいけない。そんな気持ちで日々トレーニングを積んでいた。

それまで国体というのは、夏の甲子園のごほうび的な意味合いが大きかったと思う。夏の後も練習する学校がどこまであるのか。もちろん、進学のために3年生はやることが多いから、国体に力が入らないのも仕方ないところはある。

だけど、入学前から、「3年後に国体がある、その国体でも勝ち抜けるように」と言われていた僕は、練習に毎日参加した。他のメンバーも毎日とはいかないまでも、練習を怠った選手はいなかった。夏の戦いを終え、国体前に出場する他校の選手と連絡をした時に「ほとんど練習はしていない」ということも聞いた。これなら普通にやれば負けるわけがないと思った。

ウエイトトレーニングにより僕は3キロ増えていて、しっかりとパワーアップした姿を見せるつもりだった。

10月26日の2回戦で日南学園と対戦し、5回から救援して5イニングで10三振を奪った。9月13日以来久々の実戦でも、しっかりと練習を積めたから不安はなかった。10月27日の準決勝は夏の甲子園でも戦った星稜相手に18対2の大勝。僕は9回1イニングだけ登板した。

迎えた10月28日の決勝戦。夏の甲子園決勝で対戦した京都成章が相手だった。先発バッター全員から計16三振を奪い、2対1で勝つことができた。これで公式戦負けなしの44連勝を飾った。球速も153キロと自己最速を更新して終わることができた。

僕自身の成績は37試合に登板して、32勝0敗、防御率1・13だった。僕たちが達成した年間公式戦無敗は、その後、四半世紀を経過しても達成するチームはないと聞く。実際に練習試合でも数回しか負けた記憶はない。そんな仲間に出会えたこと、ともに成長できたことは、今でも僕の財産だ。プロ入り後、高校時代の練習を超えるものはなかったし、戦術面もプロに入って初めて知るものはほとんどなかった。本当に感謝しかない。

高校球児はどうあるべきか？

高校3年間、自分なりに野球というものにどう向き合ってきたかということを考えると、常に自分で考えて、1つひとつの練習を行っていたのだと思う。例えば、直球、スライダー、カーブを同じ腕の振りで投げるにはどうすればいいか。僕はカーブの時の投球フォームがバランスを含めて一番いいと言われていて、そのカーブのタイミングでストレートを投げるにはどうすべきかをブルペンで練習してきた。

試合の前には色々なデータが揃うが、僕は参考程度にしか見なかった。なぜなら、相手が横浜高相手に戦法を変えてくる可能性だってあるからだ。だからこそ、投げていて感じる部分、それは打者だけではない、味方の動きも含めてあらゆる感覚を大切にしていた。

捕手の小山のサインにはほとんど首を振っていないが、ただその球種を投げるのではなく、タイミングを外したり、ストライクを取りにいったり、ボールにしたりというものを自分で判断していた。そういったことを練習試合の中から試していた。

もっと言えば、試合全体の流れの中でただ抑えるだけでなく、攻撃に勢いをつけるために必要な抑え方というものも考えていた。夏の甲子園の準決勝、明徳義塾戦で救援した際は、8回裏に0対6から4対6になったので、9回表はリズムよく終わらせたかった。だからいつもよりテンポを上げていたと思う。

高校野球は負けたら終わり。一戦必勝の中で、全力投球をするだけではなく、意図を持ってプレーしていたということだけは言える。

さらに渡辺監督が、2年秋から東京・恵比寿にあるジムに通わせてくれた。小池、後藤と、プロに行く可能性のある選手たちと一緒だった。横浜高から片道1時間の距離はあったが、週3回のペースで通った。

後から気づくことだが、この時期にしっかりした理論に基づいたトレーニングを行えたことは大きかった。17、18歳は新陳代謝も活発な時期。ただパワーをつけるだけではない、トレーニングの中で、球も速くなり、打球も遠くへ飛ぶようになった。人によってどの時期にどんなトレーニングを入れるかは変わってくると思うが、僕にとっては目に見えて成長できた要因の1つなのは確かだった。

夏の甲子園は728球を投げた。僕自身は、練習の中でも1週間続けて毎日300球投げることもしていたし、特別なこととは思わなかった。夏も1人で投げ切ることを念頭に練習をしていたから。ただ、夏の準々決勝、PL学園戦の延長17回、250球はその後の議論を生んだ。

2000年春から延長15回制による再試合が導入され、2018年春からはタイブレーク制が導入された。延長13回以降は無死一、二塁から始め、決着がつくまで続行することになった

（決勝は従来通り15回引き分け再試合）。そしてさらに、２０２１年春からは、「１週間５００球」の球数制限が入った。今では、準々決勝と準決勝の間、そして準決勝と決勝の間に１日の休息日がある。

僕は夏に３回戦から４連投（準決勝は救援）したけれど、そういったことは２度と起きないし、おそらく２５０球を投げ抜くような投手は登場しないだろう。時代とともにルールは変わる。そして考え方も変わる。もし、今の時代にあの２５０球を投げたら、横浜高は批判されていたかもしれない。でも、途中で代えられることがあったら……。僕は一生後悔することになっていたかもしれない。

ルールが変われば、各校の戦い方も変わる。２０２２年夏、優勝した仙台育英は５人の投手を駆使した。全員が１４０キロ中盤を投げていたが、それだけの選手を揃えられる学校は少ない。ただ、どんな学校であれ、勝敗以前に選手の健康を考えるようにはなっている。それだけでも、今のルールにした意味はある。

ただ、この議論には全員が納得する答え、正解などはない。常に検証とルールの修正は必要になると思う。もし何の制約もなければ、大会日程をもっとゆったり取れる形がいいと思うが、それがままならない以上は、その時、その時代でよりよいものを採用するしかない。

選手が持つ野球への考え方、距離感はそれぞれ違う。高校野球の先のプロを目指す選手もいれば、大学、社会人に進む選手、高校で野球をやめる人もいる。その中で一定の客観性、公平性を持たせなければいけない。本当に難しい問題だ。ただ、正解がない以上、その議論の中に、主役である高校球児の思いが少しでも反映されるものであってほしい。主役はあくまで高校球児なのだから。

東尾監督に聞かされたこと

1998年11月5日、僕は神奈川県高野連に退部届を提出した。その後の記者会見で「自分の中では意中の球団以外なら社会人チームに行きたいと思っています。意中の球団は在京セということで考えています」と語った。報道では「横浜1本」などと報じられたが、スカウトからの声は全球団からあった。社会人に進んで2000年シドニー五輪出場という思いもどこかにあったのは事実だが、やっぱりプロが頭の中心にはあった。

11月20日に東京・港区の新高輪プリンスホテルでドラフト会議は開かれた。横浜、西武、日本ハムの3球団競合によるクジ引き。日本ハム、西武、横浜の順でクジは引かれた。

西武・東尾修監督が当たりクジを引き当てた。どこが引き当てようとも、僕をドラフト1位として評価してくれた球団に変わりはない。純粋に評価してくれたことに感謝の思いはあった。

「はずれたなという感じですね。今はちょっと……。何も考えられないですね」と話したが、決して落胆したわけではない。西武はあこがれの清原和博さんが在籍した球団だった。ただ、まだ指名されただけで、しっかりと話を聞いてみないと分からない。話を聞いた上で、自分の将来を判断したかった。授業終了後、渡辺監督の車で東京都内の自宅に戻り、両親を交えて約1時間にわたって話し合った。

この時期は外に出掛けたりするのが怖かった。自分の発言もすごく怖かった。「横浜に行きたいと思った」のは事実だが、「横浜1本」が独り歩きしていた。意識して言葉を選んだつもりでも、何気ない言葉が大きく扱われたりもした。18年間で一番精神的に参った時期でもあった。だからカラオケに行ったり、友人の家に泊めてもらったりして気分転換をしていた。

表向き、西武の東尾監督も参加した1回目の入団交渉は12月3日だったが、実はその前に東尾監督とスカウトの楠城徹さん（現・九州国際大付監督）、僕と両親を交えて焼き肉店で食事会があった。マスコミには知らされておらず、「横浜以外なら、社会人」という報道が先行していたこともあったからか、西武側もざっくばらんに、僕の純粋な質問に答える時間を作ってくれたのだと感じる。

東尾監督から言われたことは、次の3つだった。

「監督というより投手出身者として、責任を持って200勝させる」

「絶対に客寄せパンダにはしない」

「日本シリーズの第1戦に先発する投手にする」

雑談を交えながら約2時間。最後に東尾監督から1つのボールを手渡された。監督自身の、通算200勝のウイニングボールだった。「この重さをどう感じるか。持っておいてくれ」と渡されたが、正直、どうしていいか、その時は分からなかった。

公表された12月3日の第1回交渉は東京プリンスホテルで行われた。その時に僕は「プロでどれくらい長くやれますか」と率直に東尾監督の認識を聞いた。東尾監督からは「入団したらキャンプ、オープン戦で見て判断する」と言われた。実力至上主義をしっかりと伝えてもらった。何より、和歌山の箕島高校からプロの世界に飛び込んで251勝を挙げた東尾監督が、嘘偽りなく話してくれたことがうれしかった。

僕は、交渉後の会見で「社会人の監督さんの話と東尾監督の話を聞いて、（西武に）とてもよい印象を持ったので（社会人入りは）白紙に戻したいと思います」と話した。その時にすでに気持ちは西武入りに傾いていた。

プロ入りを決断

12月9日の2度目の交渉。「西武入りの方向へ、前向きに考えたいと思います」と僕は答えた。その時に例の東尾監督の200勝ボールを持ってきていた。実はこの交渉の席上で渡されたことになっているが、実際は違うのは、先述した通り。この日、覚悟を示すために持ってきた。僕の心は西武入りで決まった。

ただ、僕のことを真剣に受け入れたいと言ってくれた社会人チームの方々にも、しっかりと説明をしていかなければいけない。ドラフト会議からの20日間。ようやく僕の中で答えは出た。12月中旬に社会人チームに正式に断りを入れた。12月19日の交渉で契約面なども話し合われて入団が正式に決まった。自分の気持ちがようやく言えてすっきりした。

西武ライオンズ。思えば、縁があったのかもしれない。4歳の頃に初めて手にしたプロ野球選手のサイン色紙は、西武で活躍した広橋公寿（こうじゅ）さんのものだった。父の釣り仲間からもらった色紙で、正直、幼少期はよく分からなかったが、自分の部屋に飾っていた。

年の瀬の12月28日、入団発表が東京プリンスホテルで行われた。西武の新人選手の入団発表が単独で行われたのは1985年の清原さん以来13年ぶりだという。背番号は18に決まっていたが、公の場でそのユニホームに袖を通すのは初めてだった。ずっと目標にしてきた「打者としてのプロ入り」とは少し違い、投手として評価される形となったが、やっと小さい頃からの目標、プロ野球選手になるとの思いが叶った瞬間だった。

ただ、やることは変わらない。高校時代も自らに高いハードルを課し、目標を掲げ、自分の頭で考えてきた。その作業はプロに入っても同じ。「今までも高い目標を持ってやってきました。

プロに入ってからもそれは同じです。目標は高く持っていたい。将来的には200勝を達成したい。スピードにも記録はありますが、それにも挑戦したい」とメディアに語った。

150キロを横浜高のセンバツでクリアした。ただ、プロにはその時点で伊良部秀輝さんの158キロが日本記録だった。何年か先に160キロを投げる。その決意は、ビッグマウスと言われようが、変わらなかった。

「99年のシーズンで新人王を目指してやっていきたい」とも語った。それまで高卒投手の1年目の新人王は1966年、巨人・堀内恒夫さんが獲得したのを最後に32年間出ていなかったが、過去は関係ない。「高卒だから」とか「1年目は育成」とか、そういった固定概念の中に、自分を置くことは一切しなかった。生意気と言われるかもしれないが、自分の目標、信念だけは変えるつもりはなかった。

僕の頭の中は、国体が終わった直後から切り替わっていた。プロのキャンプに向けて、しっかりとパワーアップを図ること。日中に友人と出かけたこともあったが、夜にはランニングを続けるなど、完全に体を動かさなかった日はなかった。そして1月9日に埼玉・所沢の若獅子寮に入寮。清原さんがかつて使っていた部屋だ。1月12日からは新人合同自主トレが始まった。野球だけに専念する日々がスタートしたのだ。

この頃に行っていたのが、奥歯のかみ合わせをよくする治療だった。別に歯が痛かったからではなく、爆発的なパワーを生むには、歯のかみ合わせが大切であるということだった。医師によると、奥歯はボロボロの状態だった。上下左右の奥歯計12本。本来なら数カ月かかるものを1カ月そこそこで仕上げてもらった。

新人合同自主トレ期間中は、ブルペン投球を行うつもりはなかった。キャッチボールや遠投でしっかりと肩を作ること。ブルペンは2月のキャンプに入れば、いくらでも投げられる。もっと言えば、キャンプも1軍、2軍でどちらからスタートしてもいいと思っていた。最終的に1軍で使われるかどうかは、試合、つまりオープン戦の結果による。しかも、自分の状態を上げた中での試合で判断されると思ったし、それは3月に入ってからになる。

焦って自分を見失うことだけはしないように。自分のコンディションを見極めながら、段階を踏んでいく、ということだけを考えていた。

よく新人選手について、「アドバイスは？」と聞かれるが、一番大事なことは、自分でどこまで考えられているか、だと思う。もちろんトレーニングに対する知識は、高校の指導者によっても違うし、個々の意識の高さによっても異なる。

だから、絶対に背伸びをしないことだと思う。つまり、焦って自分を見失わないことだ。無理してアピールすると、それは自分を苦しめる。体力がないのであれば、プロで戦う体力をつけることが先決であるし、トレーニングに対する知識がなければ、しっかりとプロのトレーニングについていき、知識を身につけることが大事だと思う。

1月末に横浜高の卒業試験を受け、いよいよキャンプへ。その時はまだ、あんなフィーバーになるとは考えもしていなかった。

プロ初登板初勝利の力投

第6章

確信

――1999年

初めてのスーツ、初めてのキャンプ

1999年1月31日、高知キャンプに向けての出発となった朝、羽田空港でチームメートとなった西武ライオンズの選手のみなさんに挨拶しているうちに、少しずつプロとしてのスタートを切ったという実感が湧いてきた。

空港ではもみくちゃにされたと人はいうけれど、僕にとっては高校野球の時の方がファンの方々が押し寄せてくる感じが強かった。プロのファンは礼儀が正しいというか、たとえばサイン1つにしても、ペンのキャップを外して渡してくれるし、無理やり体を押されたりしなかったので、気にはならなかった。

スーツを着たのはこの時が初めてと言っていいくらいだった。中学はブレザー、高校は学ラン。紺のスーツに合わせて、ドラフト2位で高卒入団した赤田将吾と一緒に所沢のデパートでシャツ4枚とネクタイ2本を買って、早速それを着て高知に入った。高知・若宮八幡宮の必勝祈願では、「1年間怪我をしませんように」と祈った。

東尾監督からは「最初からブルペンには入れない」とはっきり言われた。高校でも1日何球とか球数を決めた投げ込みは一切しなかった。いけると判断すれば150球投げたし、50球で終わりの日もあった。生意気な言い方かもしれないけれど、〝わがまま〟が許される範囲で、自分で考えた調整をしていくつもりだった。

キャンプ初日。朝起きてすぐにユニフォームを着て、その上にトレーニングウェアを着て散歩した。新鮮な気分を味わったのは高校1年の秋以来だった。1年生の時、夏の県大会は補助員だったので練習着。秋に新チームになって初めて試合用のユニフォームをもらった。背番号は11番。あの時のうれしかった気持ちを思い出したのだ。

キャンプではいきなり、エースの西口文也さんとのキャッチボール。受けた時の感触がこれまでとは違う。自分に吸収できるものはしていこうと思った。

初ブルペンは2月3日。ブルペンに立ってのキャッチボールから含めると91球。7割程度の力だったが、まずまずだったと思う。小雪が舞い、少し寒かったが、大きく体を使って直球を投げ込んだ。東尾監督の指示もあって、和田一浩さん、伊東勤さんが捕手を務めてくれた。すべて直球。他球団のスカウトや評論家の目もあったが、それは気にならなかった。

4日のブルペンではカーブ、スライダーを投げたあと、東尾監督から出された指令は「スライダー禁止令」だった。いつでもスライダーは投げられると僕も思っていた。

キャンプ第2クール初日となった6日。この日はキャンプ初の土曜日で、高知・春野のキャンプ地には、西武キャンプでは史上最多タイとなる5000人のファンが詰めかけていた。

今思えばよくやっていたなと思うのが、マスコミ対応だった。1日平均2件、練習後のインタビューをこなしていた。練習のきつさは感じていなかったけれど、知らず知らずのうちに、疲れがたまっていたのかもしれない。第3クール初日の2月11日に微熱があり、練習を取りやめて高知市内の病院で診察を受けた。結果は「細菌による腸炎」。10日の休日とあわせて3日間休んだが、逆にリフレッシュできたと前向きにとらえた。

キャンプでの先輩たちとの思い出

キャンプでの僕は、まずはチームメートに認めてもらうことが先決だと考えていた。マスコミ、ファンの方々が僕の行くところに移動する。注目されること自体は悪くないが、自分自身がチームから浮いた存在になることだけは避けなければいけなかった。1月の自主トレ期間中に積極的に挨拶に回った。エースの西口さんは「よろしくな」と笑って返してくれたが、石井貴さんやデニー友利さんは、一瞬だけ目を向けてくれただけ。

その瞬間思ったのが、1つひとつを大切にやらないといけないということだった。やはり、「まだ高卒1年目だろ。結果も残していない」と思われるのは当然のこと。そして、注目を浴びることは、僕がやめてくれと言って操作できるものではない。できることは、練習に打ち込む姿勢、投球だけでなく、投内連携でのフィールディング、打撃練習というものを手を抜かずにやること。その積み重ね、野球に対する向き合い方で先輩に認めてもらうことだった。

キャンプ中盤にさしかかった頃、石井貴さんが「汗をかいたらこまめに着替えた方がいいぞ」と何気なく声をかけてくれたことは、今でも鮮明に覚えている。投手陣の精神的支柱である先輩に声をかけてもらえた。最初の挨拶の時は一瞬しか目を合わせてもらえなかったが、ようやくチームの一員として認めてもらえた気がした。

のちに東尾監督がメディアに話していることで分かったのだが、東尾監督は、僕がプロのキャンプをしっかりこなせるか、だけを見ていたらしい。投げているボールのよさも見ていたとは思うが、まずはあくまで、キャンプについていけるかどうか。

図らずも、僕はチームに認めてもらうために、試合なみの集中力を持って練習に取り組んでいた。実際、横浜高の練習の方がきつかったし、問題はなかった。フィールディングにしてもそう。投内連携1つとっても、プロのレベルを思い知らされているようでは、1軍のマウンドに立てない。サインプレーも、自分の知らない守備の作戦というものはなかった。横浜高の3年間の積み重ねのありがたみを感じながら、練習をこなしていた。

今でも先輩に申し訳ないことをしてしまったと思う出来事があった。2月14日のバレンタインデーだった。この日は特にファンの方の数がすごく、球団新記録の1万5000人だったという。どこに移動するにも身動きが取れない。ブルペン横の控え室から陸上競技場への500メートルほどの移動も困難だった。

そこで森繁和2軍投手コーチが投手の谷中真二さんに命じたのが「影武者」。僕のグラウンドコートを着た谷中さんが、猛ダッシュで駆け抜けた。マスコミ、ファンの方々もその姿を追いかける中、僕は本球場に歩いて移動、そこから車で陸上競技場に移動した。

本球場から隣のブルペンへの移動すらままならなかったのだから、致し方ないことだとは思うが、本当に谷中さんには申し訳ない気持ちでいっぱいだった。

引退後のキャンプ取材中、阪神のスコアラーを務めている谷中さんとお会いする機会があったので、改めて謝った。谷中さんは「本当にいい思い出」と言ってくれたけど、先輩の立場を考えると嫌だったろうなと思う。今では、ファンの方と選手の移動する動線はキッチリ分けられるようになったけど、当時はもみくちゃ。練習効率も考えて、先輩方が助けてくれようとしている。その気持ちがうれしかった。

2月16日にはフリー打撃練習に初登板した。この登板では、打者が立った状態でストライクが入るかどうか、それだけに注意した。打たれる、打たれないは特に意識しなかった。小関竜也さん、垣内哲也さんを相手に78球。垣内さんには本塁打を打たれたかな。ブルペンで初めて捕手を座らせて投げたのもこの日が初めてだった。

プロで自分の球は通用するのか

プロになって初めての実戦は、2月28日のオープン戦の阪神戦だった。2回を投げ、大豊泰昭さんにはホームランを打たれたが、全部で3奪三振。大豊さんのホームランにしても、カウントが2ボールになり、「ストライクを取りにいったらやられるな」と思った通りの結果。自分のイメージ通りであれば問題はない。この時期は自分の課題を1つひとつ消化するのに集中すればいいと思っていたから、打たれたことは一切気にならなかった。

プロの打者のことは情報で分かっていても、僕のどの球が通用して、どの球が通用しない、さらにどの球種が決め球になるのかといった実感は自分で集めるしかない。ならば、オープン戦はある程度、試す必要があった。例えば打者が狙っていると思った球種をわざと投げる。力の入れ具合1つにしても、色々と変えながら抑えられるかどうかも試していった。

3月6日の中日とのオープン戦では、中継ぎ登板して3回1失点。福留孝介さんと対戦ができた。わずか2球。初球のストレートにフルスイングしてくれて空振り。この1球だけでも意味があった。

次の登板は同11日の巨人戦。4回9安打8失点。初回に松井秀喜さんに四球を与えるなど無死満塁のピンチから、広澤克実さんの打球は不運な形で三塁線を抜けていった。そこから高橋由伸さんに本塁打を打たれるなど、結果は散々。

だが、打たれたことで学ぶことが多いというのは、自分自身ずっと思っていたことだった。特に松井さん、由伸さんといった、左の強打者の内角、そして高めの球に対する反応を見たかったということはあった。巨人は日本シリーズに行けば当たる可能性のあるチームだ。オープン戦では、公式戦で当たった時にはしっかりとした投球ができるようにすればいいとだけ思っていた。

3月15日の甲子園の室内ブルペンでは東尾監督から、踏み出した左足が三塁方向に入りすぎるインステップを指摘された。東尾監督から初めてと言っていい技術的なアドバイスだった。その日は捕手を座らせて201球、立ち投げを加えて250球という1時間30分のブルペン投球だったが、最初から投げ込む日と決めていた。少しずつ体の動きと指先に残る感覚がよくなった。

キャンプから1カ月半、色々なトレーニングを行う中で、投球動作のバランスはほんの少しずつずれているところもある。そこを組み立て直すことができた。

3月19日には西武ドーム完成記念の紅白戦（5回制）が行われ、無料招待された3万8000人のファンの前で、本拠地のマウンドに立った。顔見せ的なもので白組の4番手で最終回の5回2死から登板。初球の145キロ直球を伊東さんが打ってライトフライだった。

そして翌20日のサントリーカップ巨人戦にも5回途中から中継ぎ登板。オープン戦でめった打ちにあった巨人戦だったが、特別な意識はなかった。東尾監督が5回2死三塁の場面で僕を登板させた。打席には清原さんがいた。この対決を持ってきたのには、西武ドームのこけら落とし記念という意味合いがあったのだろうか。清原さんは僕が野球を本格的に始めた頃の甲子園スターだった。思い入れもある。だから力が入った。

結果はカウント2―2からの直球でサードゴロ。2度目の対戦も内角直球で詰まったレフトフライに打ち取ることができた。7回は仁志敏久さん、後藤孝志さんに連続本塁打を打たれて、「両方とも真っすぐです。抜きに抜きまくったストレート。反省点はあの2球しかないです。ちょっとバッターをなめすぎました」と話したのを今思い返すと、本当に怖いものなしというか、生意気というか、自分の思ったことをストレートに出しすぎていたなと感じる。

強がりを言っていたが、実は自分の想像以上に開幕を前にして体は疲れていた。疲労は体というよりメンタルだろうか。マスコミの取材をこれだけこなしたことはなかった。そういったストレスが徐々に蓄積していたのだろうと感じる。そんななか、東尾監督から、3月28日の横浜戦での先発が告げられ、「これが開幕1軍へのラストチャンスだ。絶対に抑えろ」と伝えられた。

この試合は、開幕へ状態を上げていく中で、唯一、公式戦に近い気持ちで入った試合だ。ここまでスライダーをある程度セーブしてきたが、しっかりとアウトを取るためにスライダーを使っていった。結果は6回2安打1失点で11三振を奪った。正直、調子自体はよかったとは思わなかったが、そういった状態でもこれだけの投球を見せられる、いや見せたいと思っていた。

前年、日本シリーズで西武が敗れた相手をある程度抑えられたこと、そしてセ・リーグ首位打者の鈴木尚典(たかのり)さんに一発を浴びながらも、開幕間際でその力を知ることができたこと。その双方で収穫があった。僕は晴れて、1軍寮への引っ越しと、開幕1軍を伝えられた。

東尾監督もホッとしたのだと思う。5回のピンチで珍しく、自らマウンドに来て「好きなように投げろ」と声をかけてくれていた。監督も、僕が最終登板である程度の結果を出さないことには、いくら期待を込めても開幕ローテーション入りさせられないと考えていたのだと思う。西武には先発投手陣は実績ある選手が何人もいたし、何よりパ・リーグを制するチームだ。いきなり結果も出していない高卒新人に「1枠」を与えることはできない。入団前に東尾監督から「実力で勝ち取れ」と言われた言葉を思い出していた。

ところでオープン戦の合間の3月1日には、横浜高校の卒業式に出席した。492人の卒業生の中で「最優秀選手賞」なるものをいただいた。各分野で優秀な成績を残した生徒が表彰され、甲子園出場の3年生野球部員13人とともにいただいた。教室に戻っても、同級生や父兄からのサインと写真撮影攻めにあったが、本当に色々な思い出が詰まった3年間。周りで泣いている仲間もいて、僕もジーンときた。

さあここからはプロとして扱われる。新たなスタートをあらためて思わされた。

プロ初登板、そしてリベンジ

西武ドーム元年ということもあり、デビュー戦は4月4日の開幕第2戦、本拠地でのダイエー戦になるとずっと報道されてきた。けれど僕が言われたのは、4月7日の東京ドームでの日本ハム戦。開幕から4試合目だった。

のちに、東尾監督からは、東京ドームのマウンドが僕に合っていると考えたことを聞いた。確かに最初が肝心だったように思う。僕自身はどこで投げても一緒だと考えていたし、たとえ開幕から負けがこんだとしても、必ず解決の糸口を見つけ、次につなげていくことができる、と思っていた。しかし今思えば、東尾監督の配慮というものが、ありがたく感じる。

「1年目から活躍するためには?」とはよく聞かれるが、本人の力で打開できる部分だけではない。東尾監督には「梅雨の時期にはどうすべきか」「疲れが出てきた時の対処法」など、色々な話を聞かせてもらえた。

試合の勝敗に関する課題・反省への取り組みは、自分で納得できるものをやればいい。ただ、年間を通じて戦い切るために必要なノウハウは、先輩方の引き出しの方が多い。東尾監督も高卒入団で、1年目から1軍のマウンドに立った。その言葉の1つひとつは、本当に大きかった。

さて、忘れもしない日ハム戦。

僕のプロでの公式戦第1球は、もちろんストレートだった。一番の井出竜也さんから空振りを奪った。井出さんを三振、二番の小笠原道大（みちひろ）さんをピッチャーゴロに打ち取る。そして、片岡篤史さんにカウント2－2から155キロを投じて空振り三振に仕留めた。

実は片岡さんへの2球目、軽く投げたストレートが150キロを記録した。外角低めの厳しいところへ投げようと思って、軽く投げた球だったが、この1球で、いけると思った。それで力を込めた最後の1球、155キロが出た。

片岡さんが膝から崩れるくらいの空振りをしたから、いまだにこの1球をデビュー戦のハイライトとして扱ってもらえる。確かに指にかかったいい球だったとは思う。ただ、当時の僕にとっては、2球目の1球があったからこそ、だと思っている。また、あのボールに対してフルスイングしてくる片岡さんに、プロの打者のスイングスピードを思わされた。

次に思い出されるのが、5回裏2アウトの場面。

1ボール2ストライクからの1球はインハイのボールとなったが、のけぞるように倒れたフランクリンはバットを振り上げてマウンドに歩を進めてきた。この時は正直「怒る球じゃないじゃないか」とイラッとした。それまでノーヒット投球だったから、何とかしてリズムを崩そうとしてきたのかなとも思った。イラッとしたことで、フランクリンをにらみつけているように見えたと思う。両軍から選手が飛び出し、西武ナインからも落ち着くよう声をかけられた。けれどその時、すでに僕は冷静になっていた。デビュー戦で外国人選手に対して、堂々としていたとその後もよく話題にされたが、そこまで計算なんて、もちろんしていない。ただ、マウンドに上がれば、チームの勝利のために投げなければいけない。そこに高卒ルーキーだからとか、実績とかは関係ない。その思いはプロに入ってから、しっかりと持ち続けていたから、1歩もマウンドから降りない、物怖じしない対応につながったのだと思っている。

落ち着きは6回1死から小笠原さんに初めてヒットを許しても変わることはなかった。8回に直球を小笠原さんにバックスクリーンのホームランにされた時は悔しさが残ったが、8回、132球を投げて5安打2失点。9回も投げたいと思っていたが、ひとまず幸先よく勝利投手になれてホッとしたのは確かだ。

2戦目は4月14日の近鉄戦。本拠地の西武ドームでの初登板。4月の平日ナイターとしては西武球場時代から史上最多となる4万2000人の大観衆だった。

155球で9回完投したが、3安打2失点で初めて黒星がついた。味方の失策からの失点で自責点は0という結果だったが、味方のミスを救うのも投手だし、逆に投手のミスをカバーしてくれるのも野手。それができなかったことが単純に悔しかった。

抜ける球も多かったし、７四球と納得できるものではなかったが、相手を見ながら修正はできたと思う。簡単に見逃されていたスライダーを横の変化量が大きいものに変えて乗り切ることができた。

３戦目、４月21日のロッテ戦は敵地のマウンド。７回を４安打２失点で２敗目となった。球場ごとに特色があって、マウンドの変化に対応する必要があったから、結果はともかく早いうちに色々な球場のマウンドを経験できることはよかった。

同27日は初めて中５日でのロッテ戦。プロで投げていく以上、２週連続で対戦することはある。しかも、相手はロッテのエース黒木知宏（ともひろ）さんだった。「リベンジします」の言葉通り、９回３安打での完封勝利となった。三振も初めて２桁となる10。しかも１対０の完封勝利で、初登板以来のチームを勝たせる投球ができた。

この試合、ＮＨＫと民放４局が中継したが、周囲の喧騒をよそに、僕は冷静だった。２戦目以降、打線の援護がなくても、僕がゼロに抑えていれば問題なかった。どんな状況であっても、負けない投球はできたはずだった。

そしてようやく４試合目にして、自分でも納得がいく投球ができたのだ。２回目の西武ドームで、プロ２試合目の登板では７四球だったが、この試合は１個。意識的に重心を低くし、マウンドにも対応できた。何より、前の試合でホームランを打たれた初芝清さんを２三振に抑えることができた。同じ相手に打たれ続けると、その先の戦いに影響する。さまざまな状況にしっかりと対処できた試合だった。

イチローさんを追い続けた前半戦

5月3日の近鉄戦は4回途中4失点でマウンドを降りた。4回2死一、三塁から大村直之さんに三塁打を喫した直後、右手中指がつったような状態になった。実はブルペンから変な感覚があったし、4月21日のロッテ戦でも同じような違和感があった。

メディアからは中5日の影響や大阪ドームのマウンド、さらに4月の疲労など色々指摘されたが、高校時代にも同じような感覚はあったし、気にするものではないと考えていた。この影響で出場選手登録を抹消となり、検査も受けたが異常なし。この期間を前向きにとらえることにした。

そして中12日で、イチローさんと初対戦を迎えることになる。

ほとんど怒られたこともないし、結果に対して細かく指示を受けたこともない東尾監督だが、強い口調で言われたのが「スピードガンと勝負するな」「イチローと対戦するんじゃない。チームの勝利の方が大切だ」ということだった。僕の投球がそう思わせたのかもしれない。5月16日のオリックス戦、イチローさんとの初対戦の時のことだった。

初対決は初回2死ランナーなしの場面。初球、内角低めの149キロ直球はボール。2球目の内角高め153キロ直球はファウルとなった。その後に外角へスライダーを2球続けて、カウントは2ボール2ストライクとなった。5球目はインハイの151キロ直球をファウルにされたが、6球目は外角高めの直球で空振り三振。

この打席からイチローさんを追い続ける戦いが始まった。

よくこの1打席目について、内外角の高めをうまく使ったというけれど、イチローさんとの対戦は初めてで、イチローさんにしても、高めの意識はなかったのだと思う。けれど、僕もそこを意図して狙ったわけではない。途中のスライダー2球についても、外角から入れたのは、キャッチャーの中嶋聡（さとし）さんの判断だった。だからこれは中嶋さんあっての結果だ。

第2打席は1、2球目にスライダーを投げ、3球目に直球。そしてフルカウントからの6球目に外角からのスライダー。イチローさんのバットは出ず、見逃し三振に打ち取ることができた。僕のスライダーは、内角に来た時と外角に来た時で変化量も違う。この1球の曲がりは少なかったように思う。

第3打席は初球から5球続けて直球を投じて最後の6球目にスライダー。これが外角に抜けたような形になって、まったく曲がらなかった。

イチローさんと対戦して分かったことは、とにかくどのコースにも、バットが出てくるイメージがあるということ。本来、打者のバットの軌道というものには特徴があって、この打ち方、このコースのこの曲がり方なら衝突（バットの芯でキッチリととらえられる）はないだろうというものが見える。しかし、イチローさんに対してはまったく抑えられるイメージが湧いてこない。まさに別格だった。

試合後のインタビューでの発言は、今考えると生意気だった。西武ドームに集まった観衆は5万人。これだけの観衆の前で僕自身も気分は高まっていたし、何よりインタビュアーの方に「プロでやっていく上で大きな自信になったと思いますが？」と問われて少しは気の利いたことを言わなければと思ったのは事実。「いまいち、今まで自信が持てなかったのが、きょうで自信から確信に変わったと思います」と答えたのはとっさの言葉だった。

その後に「これくらいのピッチングができれば、の話なんですけど」と続けたが、その言葉はもはやなくなって「自信から確信」というフレーズが独り歩きしてしまった。のちにイチローさんから「まだはえーよ」と言われたことを覚えている。

この一戦から4連勝。いくら僕に確信があっても、チームの勝利に貢献することでしか、本当の意味での信頼を得られないと思っていた。しかしその後は3試合、白星から遠ざかった。

6月23日のオリックス戦では9回3失点で完投した。まわりの熱狂に反して、僕自身は正直、イチローさんとの2度目の対戦どうこうではなかった。開幕からの疲れをどう抜くか。さらに言えば、登板間にどう強化しながら、試合に合わせていくか。そこでも東尾監督の助言が本当に大きかった。アメリカンノックも含めて、あえて、強度のある練習をさせてもらったのも、この時期だった。

7月6日、神戸でオリックスと3度目の対戦となった。東尾監督から言われていたのは、やはり「イチローさんに固執しない戦い」だった。僕としては、イチローさんとの勝負に集中するためにも、どう1試合をマネジメントし、チームを勝たせる投球ができるかを考えてマウンドに立った。

結果としては完封目前の9回、イチローさんにバックスクリーンへホームランを打たれた。低めのスライダーだった。これがイチローさんにとっての100号ホームラン。対戦前から「松坂から打つ」と宣言していた通りの一発だった。121球目で、真っ向勝負できるだけの球威はなかったのが正直なところ。ただ、6月6日以来となる勝利にチームを導けたことを素直に喜んだ。

翌週13日の近鉄戦では1安打完封勝利を挙げた。僕にとって4度目の近鉄戦でようやく勝ち星がついた。勝つと心に決めた試合、自分をしっかりとコントロールして勝つことができた。

この試合、最初は調子が悪かったが、しっかりと配球を組み立てた。この試合は140球のうち変化球は73球だった。最後まで冷静に攻め抜くことができた試合として記憶に残っている。

ただ、唯一の安打が一塁内野安打。僕のベースカバーが早ければ分からなかった。

次の20日の日本ハム戦でも9回2失点での完投。9勝目を挙げて、初めてのオールスター戦に向かった。

イチローさんと共闘したオールスター

7月24日、プロに入って初めてのオールスターの舞台が、本拠地の西武ドームというのも、何かの縁なのかもしれない。しかも、ファン投票1位の票をいただいて、先発のマウンドに立てた。試合前は、シーズン中と違って本当にフレンドリーな雰囲気だった。「今度飯でもいこう」とイチローさんにも誘っていただいた。

肝心の試合はというと、3回、53球を投げて2安打2失点（自責0）だった。初回は石井琢朗さん、鈴木尚典さんを連続三振。特に鈴木さんには、オープン戦でホームランを打たれていたので、借りを返すことができた。2回には松井秀喜さんをレフトフライに。おそらく打者全員が僕の真っすぐを狙っていたと思う。今なら全球真っすぐ勝負とか、勝敗度外視でやるケースもあるけれども、しっかりと直球勝負するところはして、変化球も入れていった。

予定では、登板は2回までだったように思う。しかし、ベンチに戻ると、東尾監督がいきなり「もう1回、いけるだろ」の声。そこにイチローさんも「そうだよ、大丈夫だろ」と笑っている。こうなったら18歳の僕が無理なんて言えるわけがない。

結局、3回は2点を失ってしまった。それでも高卒ルーキーでは史上最多の5奪三振だという。優秀選手賞もいただいた。ファンのためにも、何かを残したいと思っていたのでよかった。

7月25日の第2戦は甲子園だった。横浜高校での夏の激闘から1年がたつのかと感慨も一入(ひとしお)であった。僕はもうファン目線。鈴木尚典さんからは「きのう投げた球はよかった」と言ってもらえたことはうれしかったし、ちょうどシドニー五輪予選の派遣も決まっていた時期で、同じく選出された古田敦也さんとも少しだけ話ができた。

何よりイチローさんの背面キャッチを試合前練習で間近で見せてもらったことは、宝物だ。試合前にはシートノックのノッカーをやれと突然言われて戸惑いながらこなしたことも、いい思い出。普段は敵として戦っている先輩たちの優しい対応に助けられた。

7月27日のオールスター第3戦。ここでも僕にとって素晴らしい経験があった。試合前のブルペン投球はヤクルトの古田敦也さんに受けてもらった。キャッチボールが27球。その後、古田さんが座ってカーブ、ストレート、スライダーなど28球を投げた後、右打席に入っていた東尾監督から、チェンジアップの要求。3球投げた後にストレートで締めた。計32球。

それだけじゃない。試合前のホームラン競争に出させてもらい、パ・リーグの勝利を決める1本をレフトスタンドに打つことができた。実はこれ、急遽イチローさんにバットを借りて出たもの。古田さん相手のブルペン投球に、夢の本塁打競争出場。さらに3試合を通じて、新人賞もいただいた。僕にとって濃密すぎるオールスターの4日間だった。

一番になれなかった、悔しかった

後半戦の最初の登板は7月31日のロッテ戦。黒木知宏さんと3度目の投げ合いとなった。結果は8回2死まで投げて4安打1失点で、ついに10勝目を挙げた。高卒新人では1967年の阪神・江夏豊さん以来の2桁勝利だという。僕にとっては通過点でしかなかったが、シーズン前から「松坂は2桁勝てるのか」について色々な意見が出ていたから、見返すことはできた。

この試合で得た教訓、それは気持ちの切り替えだ。濃密すぎた球宴の気分がまだ抜けていなかったのだ。自分でも浮ついていることが分かった。もし優勝争いの中で、僕が浮ついたまま投げて打たれていたらと思うと、気持ちを引き締めるには十分だった。

その後、8月に入ってどれだけ状態が落ちるのか心配していたが、6月ほどではなかった。KOをくらった試合もあったが、それもすべては経験だし、チームが勝てばそれでいい。ようやく僕もチームの一員として、優勝争いの輪の中に入ることができているという感覚が生まれていた。

そして9月に入ると、首位を行くダイエーを追うためにも、もう1試合も落とせない状況だった。高卒1年目でそこまで背負う必要がないと言う人もいたが、僕はそんな「ルーキーだから」「高卒だから」という枠で見られることは嫌だった。使ってくれる以上、言い訳はできない。

2日の日本ハム戦で9回完投、毎回の15三振を奪って勝つことができた。実はこの試合、21試合目の登板で初めて中嶋さんではなく、伊東さんとバッテリーを組んだ。それまでほとんど使ったことのないフォークボールを軸にした配球だったが、これがはまった。シーズンでは、本当に必要になる時まで引き出しは開けないことの重要性を認識した試合となった。

そこから3日後の近鉄戦。6回くらいだったか、首脳陣から「準備しておけ」の声が飛んだ。8対8の同点で迎えた9回、プロで初めて救援のマウンドに上がった。3回無安打無失点。チームに勝利を運ぶことができた。

137球を投げた中2日で、先発ローテの一員が救援。今の時代だったらありえないことかもしれない。本当に緊張感のある中でのマウンドだった。救援は夏の甲子園の準決勝・明徳義塾戦、国体でも準決勝の星稜戦で経験していたが、プロではその時とはまったく違う重圧だった。

もちろん準備はできていた。直近の試合で救援陣の登板がかさみ、試合前から東尾監督から「リリーフの可能性がある」と伝えられていた。3回から西口文也さんも投入されていたから、気持ちもしっかりと入って投げられた。ダイエーとの直接対決を前に、２・５ゲーム差とできた。14勝目はまた違った経験をさせてもらった。

無理は承知の上。さらに８日のダイエー戦に先発した。しかし、２回に秋山幸二さんの左ほおに死球を当ててしまった。絶対に負けられない一戦だったが、勝ち越してもらった直後の７回、今度は左尻に痛みが走った。左大臀筋（だいでんきん）がつった状態となり、１２５球で降板。チームは８回に同点に追いつかれ、試合はサヨナラ負けを喫してしまった。

勝たなければいけない試合で、白黒を決する前にマウンドを降りたことが悔しかった。しかも、この試合を最後に、シドニー五輪アジア地区予選に向かうことになる。勝ってチームを離れたかったが、それもできなかった。

その地区予選。９月15日の台湾戦で３安打13奪三振１失点で完投勝ち。日本はシドニー五輪の出場権を獲得することができた。シーズン後半戦、特に９月に入ってからは激動の日々が続いたが、オリンピックの地区予選は気持ちを切り替えるいい機会になった。

その後、チームに再合流して２試合に登板し、16勝５敗で最多勝を獲得した。中でも、16勝目となった９月29日のロッテ戦では、シーズンで何本の指かに入るくらいストレートに手応えがあった。寒かった中でも、初回から１５１キロが出たし、対戦した初芝さんから後で「ムキになりすぎるな」と冗談で言われたくらいだった。

7回2安打1失点。ボールを強く弾く、できるだけ捕手に近い位置でリリースするという点でいい感触を得ることができた。体は疲れていても、投球フォームのバランスがしっかりしていれば、そういった球は出る。

ただ、優勝ができなかったら、プロ選手としては、どんなにいい成績を残しても、心からは喜べない。9月25日にダイエーの優勝が決まった日、僕はホテルで枕に悔しさをぶつけていた。9月8日のダイエー戦で僕が勝っていれば、違った展開になっていたはずだ。

1年目の数字を褒めてくれる人がいるが、自分にとっては通過点でしかなかった。

例えば、球種1つにしてもすべてを出し切ったわけではない。中嶋さんから「カットボールは投げられる?」と聞かれて、試合でも数球試すことがあった。ただ、球速も曲がり幅も自分が制御できるレベルにはなかったし、使う気もなかった。中嶋さんにはこの不規則なカットボールのせいで、指の骨を骨折させてしまったことを覚えている。チームには言わず、爪に針を刺して穴を開けて、たまった膿を抜いて試合に出続ける姿も見たことがある。

1年目の結果をまとめると、25試合に登板して16勝5敗、防御率2・60。新人王、最多勝、ベストナイン、ゴールデングラブ賞を獲得した。さらにシドニー五輪アジア地区予選・台湾戦の1勝も加え、プロ人生を順調に滑り出したかのように見える。ただ、達成感はなかった。優勝したかった。

2001年に沢村賞を受賞した

第7章

重圧

——2000年〜2001年

練習で多くを求めすぎてしまった

横浜高校時代、そして西武ライオンズでのプロ1年目に関しては、自分なりに記憶をひも解いて、ここまで詳細に記したつもりだ。

あの時に何を考えていたのか、ということは大切だし、今後、当時の僕と同じような年齢の選手と話をする時にも、自分が当時考えていたこととのギャップを知り、自分の知らない感覚の持ち主であれば、その考えに寄り添うことで、新たな発見にもつながる。逆に同じような感覚を持っている選手ならば、自分の体験談も伝えることができるのではないかとも考えている。

1年目のオフはCM撮影も解禁となって慣れないことも多く、練習時間を思ったほど取れなかった。巨人の上原浩治さんとも「2年目のジンクスの原因はオフに練習できないからだろう」という話になって、納得したくらいだった。

不安がないと言ったら嘘だった。ただ、できることはやった。例えば、泊まりになる時には、ホテルのジムを手配してもらった。真夜中にランニングした日もあった。ただ、キャッチボールに関しては相手がいないとできない。だからこそ、常にボールを触っていたし、机をトントン……と叩いて、指先を硬く、強くしようとしていた。

目に見えない地道な作業は、正直、面倒くさがりの性格で嫌いな部類だった。だが、高校時代にセンバツの大会期間中に桑田真澄さんのことが書かれた本を読んで、続けられるようになった。

横浜高の渡辺監督から言われ、僕も座右の銘にしていた「目標がその日その日を支配する」という言葉の通り、本当に小さなことの積み重ねでしかない。そして、プロに入って痛感したのが、選手の自信は、実績を積み上げてきた人の体全体から雰囲気として出てくるものだということ。

自分でやってきたことに自信を持ち、周囲には実績という形で示す。そういった選手はすごく大きく見える。高校時代にやったことは、プロでは関係ない。インタビューでは思わず確信と言ったが、たった1年の成績で、自分が変わったと勘違いしないこと。それが大切だった。

少々の不安を抱えながらの2年目のキャンプ。意識的にプラスアルファの練習をした。2月1日の所沢キャンプ初日には、2軍の練習に飛び入り参加した。キャンプを通じて体を鍛えようと思っていた。そして球種に磨きをかけること。新しいボールを次々と覚えることはよくないという考えもあると思うが、それはその球種に頼ってしまい、本来の球種のキレ、球威がなくなってしまうという理由があると思う。

逆にキャッチボールの時から色々と考え、投球の中でそれぞれの球種の精度を確認し、お互いの球種が邪魔しないようにする。試合の中ですべてを操ろうとしないことも大切。自分でしっかりと段階を踏むことができれば、色々な球種を早くから覚えることは決してマイナスではない。

これは僕の長所でもあり、短所かもしれないが、パズルのピースを考えてみてほしい。最初は20ピースで完成させようと思ってスタートを切るが、完成間際になると、50ピースいや、1000ピースにした方が細やかなものができる。さらに、1000ピースの方が、より繊細なものができると思ってしまう。際限がなくなってしまう。経験を積めば積むほど、楽になるのではなく、僕は経験値が増すほど、やるべきことが増える。そういった思考の持ち主だった。

1年目の夏くらいに、東尾監督から「1年目と同じことをしていたら、2年目は駄目だ。やられてしまう」という言葉をかけられた。東尾監督は常に先手を打って話してくる。おそらく「精度を上げろ」ということを言っていたのだと思う。球威、コントロール、変化球のキレ、さらに体力面もそう。

同時に「早くから完成したらつまらない。10年くらいかけて完成しないと」「スピードではなく、キレだ」という言葉ももらった。今なら素直に受け取れるが、当時19歳の僕は「今のままの投げ方では駄目」と解釈してしまった。

具体的には、投球の中にひねりの動作を加えたかった。ステップ幅も色々と変更を繰り返しながら投げていた。上半身からひねる、同時にひねりにいく、そのタイミングを色々と試した。

ひねると、その反動で体が開きやすくなることも分かっていたが、開かないようにパワーをためることができれば大丈夫とも考えられる。

かつて多くの投手がやってきて失敗談として語られると、いつしかそれが球界の常識となってしまうが、僕は自分でやって、自分の中で失敗と思わなければ、次に進めなかった。しかも、失敗だなと感じるタイミングが来ても、「もう少し継続した先に新しく見えてくるものがあるのではないか」と考えてしまう。本当に自分の中で大切なものは何か――。ここから数年、僕は自分を見失うことになる。

迷走の2年目

2年目はインタビューで言わされたということもあったが、「開幕投手を目指す」と宣言した。その通りとなった。4月1日の日本ハム戦。2年目にして初めての開幕投手。入れ込みすぎないようにとは考えていたが、むしろ逆だった。

立ち上がりは淡々と投げている感覚だった。4回にウィルソンにセンター前ヒットを打たれて、初めて気持ちが入ったが、7回2死三塁でウィルソンのフライを新助っ人フェルナンデスがまさかの落球。続く6回2死二塁から石本努さんにレフトへ適時二塁打を打たれる。結局そのまま6安打7奪三振3失点で降板した。降板の後に高木大成さんの同点3ランが飛び出して黒星は消え、サヨナラ勝ちしたが、反省点ばかりが残った開幕戦だった。

4試合目の登板となった4月21日の東京ドームでの日本ハム戦では、アクシデントに見舞われた。2回、本塁へのベースカバーに入った際に右足首をひねってしまったのだ。そのまま都内の病院へ直行し、レントゲン検査の結果「右足首の捻挫」と診断され、患部をギプスで固定した。東京ドームの階段も右足を床につくと痛みが走る状況だった。思えば、ブルペン投球の時からバランスも悪かった。

開幕2戦目（4月7日オリックス戦）は9回2失点でシーズン初勝利を挙げたが、色々と試してきた投球フォームがしっくりこない。自分の本来のバランスとは何かを考えているうちに、1試合が終わった。イチローさんとの2年目の対戦だったが、それを楽しむ間もなかった。

3戦目となったダイエー戦は7回4安打2失点で、2戦目よりは投球フォームのバランスは改善したとは思うが、どこかが違う。

その後、19日のオリックス戦に登板予定だったが、雨天中止。初めてのスライド登板が4試合目の日ハム戦だった。そこで右足首をひねってしまった。言い訳はできないが、どこか歯車が狂っていたのかもしれない。

右足首の捻挫からの復帰戦は5月6日のまたも日ハム戦。7回から中継ぎ登板したが、2回3失点。走り込みも投げ込みもほとんどできなかった中だったので、仕方ないと気持ちを切り替えた。

そして９日のロッテ戦。７回から登板し、３回を無安打無失点、許した走者は四球による１人だけで、プロ初セーブもついた。この試合では、１９９８年夏の甲子園準決勝で対戦した明徳義塾の寺本四郎と投げ合うこともできた。すぐに試合後に電話をした。互いに「よかったな」くらいの会話だったが、本当にうれしかった。

２試合を中継ぎで登板した後に先発復帰した５月14日のダイエー戦は、８回途中を投げ５安打無失点で３勝目を挙げた。この日は母の日だった。母の誕生日だった４月30日はリハビリ中で何もできなかったので、ホッとした。しかも、５月は父の誕生月だったから、この３勝目は両親に捧げたつもりだった。

ただ、やはり開幕前から投球フォームに対する試行錯誤に加えて、右足首の負傷も重なったことで、微妙なズレを解消できない。四球の数は気にしない方ではあったが、明らかにバランスを崩してボールが重なっての四球など、内容が悪い。

５月最後の登板となった27日の秋田でのロッテ戦。２安打でその年の初完封となったけれど、納得できるものではなかった。東尾監督も試行錯誤が続く僕に「考えすぎだ」「打者に向かう姿勢が足りない」などと言ってくれたが、その通り。この時の僕は、打者に向かっていくというよりも、自分のバランスを修正することにばかり気をとられていた。

試合中、ピンチの場面では、東尾監督から「何やってんだ、ばか。逃げてんじゃやねえ！」と言われた。内心「逃げてねえよ」と思ったが、それだけ監督も、僕の打者に向かう気持ちをかきたてたかったのだと思う。それで初完封だからいい結果なのだが、5四球。納得などできなかった。

その後も、なかなか自分のイメージする形に戻っていかない。6月も不安定だった。3日の日ハム戦では4回途中で5安打6失点6四球だった。10日のロッテ戦はもっとひどい。6回途中で10安打11失点。1イニング9失点も喫した。5月14日から6月10日までの5試合連続で5四球以上だった。東尾監督、そして杉本正投手コーチと映像を何度も見直して、投球練習の中で修正を行ってきたが、バランスが気になって腕の振りも弱くなっていた。

結局、一度リセットする時間をもらった。右肩も少し張っていた。バランスが悪いとどうしても上体だけで投げてしまう。しっかりとした形に戻らないといけない。走り込みを増やして下半身を鍛え、投球練習は減らして、とにかく体の状態を上げることを心掛けた。2週間後の6月24日のオリックス戦では、9回途中で5失点だったが、だいぶ腕は振れるようになった。

6月30日の日ハム戦では9回2安打での完封勝利を挙げた。9回先頭の片岡篤史さんに打たれるまでノーヒットノーラン。記録的なことは逃したが、それよりも1対0と緊迫した試合で最後まで崩れず、勝ち切れたことが大きかった。この試合では体のバランスを考えて、マウンド後方から長めの距離を取って、しっかりと体重移動をするように意識した。指に残る感覚も悪くなかった。

7月6日は黒星こそ喫したが、この日の感覚も悪くない。7月8日に中継ぎ登板して6勝目。その後は球宴もはさんだが、6試合の先発すべてで勝利を挙げた。

特に思い出されるのが、8月4日のオリックス戦。9回3安打2失点での完投で10勝目を挙げた。最速155キロで12奪三振。2回にイチローさんを含む3安打を浴びたが、それ以外では自分でも納得の内容だった。

試合後に「テレビとか新聞で今年は10勝できないと言われていたけど、そういう人たちにざまあみろと言いたいですね」と話したのは、自分自身で考えながら、状態を上げることができたこと、そして一時の投球を見て「無理」と決めつけてしまう方たちへの、ささやかな反骨心から出た言葉だった。

8月7日のオリックス戦は、違った意味で忘れられない1日となった。代打で起用されたのだ。DH制のパ・リーグで代打なんて、滅多にないことだが、この試合、ベンチ入り野手16人を使い切り、しかもDHを解除していたため、6対3で迎えた9回2死満塁でお呼びがかかった。

中嶋さんのバットを借りて打席に立った。初球は内角高めのボール。その後の3球を見逃してカウントは３ボール１ストライクとなった。オリックスの栗山聡（さとし）さんの直球を２球連続でファウルした後の７球目、１４０キロの真ん中直球を叩いた打球は、高いバウンドでセンター前に抜けた。

ＤＨ制以降、パ・リーグで投手が打席に立ったのは僕でのべ29人目だったというが、そのうち安打を放ったのは４人目で、打点を挙げたのは３人目だったそうで、しかも２打点は初めてということだった。現在の大谷選手にはまったく及ばないが、もともとバッターを目指していただけに、僕にも打撃の自信はある。

そしてこの年、シドニー五輪があった。９月中旬から３週間程度、チームを抜けることは前々から分かっていた。自分が抜けるまでに、少しでもチームに貢献できたらと思っていたが、９月に入ってからの２試合で負け投手となった。

戻ってきた10月に２勝を挙げて結局、２年目は14勝７敗１セーブ、防御率３・97で２年連続最多勝、初の最多奪三振となったが、優勝は２年連続で逃してしまった。新たな収穫としては、カットボールを使えるメドが立ったが、それ以前に技術的なことやフォームに苦しめられた年になった。

新しいことにチャレンジすると、一度はバランスが崩れる。その上で組み立てようとすると、何かがおかしくなる。なかなかフォームが固まらない。

例えば、スピードが出ていないのに、相手がボールの下を通過する空振りをする。球のキレがあるから、そういう空振りをするのだが、自分の感覚とは違う。なぜ強い球が投げられているのかが分からない。ビデオを見るだけではなく、高校時代を含めて自分の中に残っている意識をかき集めながら投げるのだが、次の試合ではもう違った形になっている。2年目は思考と体が一致することなく終わってしまった。

さらにシドニー五輪から戻ってからは、僕の軽率な行動で多くの方々の期待を裏切り、球団に迷惑をかけることになってしまう。道交法違反。人間として未熟だった。球団から謹慎処分に加えて、野球道具を使った練習の禁止を通達された。

僕を救ってくれた黒木さんのひと言

3年目はもう一度、野球人としての姿勢を見つめ直す。そんな覚悟で臨んだ。初めてキャンプ初日からブルペンに入った。首脳陣に「中4日」での登板を希望した。体もプロの2年間を経て強くなったこともあるが、中6日だと、強化を入れても間延びしてしまう。中5日だと強化と調整が中途半端になる。中4日であれば、気持ちも含めてしっかりと試合に入っていける。そういう考えからだった。

3月24日の開幕・ロッテ戦で2年連続の開幕投手を託されたが、6回6安打6失点で敗れた。

3点をもらって迎えた2回、先頭の初芝さんへの四球から崩れた。試合後すぐにビデオをチェックした。やはり左肩が早く開いてしまっている。しっかりとキャンプからフォームを築き上げてきたつもりだったが、公式戦で気持ちが入るとどうしても崩れてしまう。

開幕から2連敗で迎えた、3戦目。中4日で4月4日のダイエー戦に投げ、7回無失点でようやく初勝利。次のオリックス戦では完封勝利を挙げたが、一度よくても、次の試合では状態は変わってしまう。勝ったり負けたりの繰り返しで、6月2日のダイエー戦では、松中信彦（のぶひこ）さんにバットを折りながらセンター右の中段まで運ばれてしまった。この敗戦からプロ初の4連敗を喫するなど、7月6日のオリックス戦まで7勝10敗と負け越してしまう。

だが、ほんのささいなひと言がヒントになって、今までなかなかかみ合わなかった歯車が動き出した。7月13日のロッテ戦で投げ合った黒木知宏さんの、試合後のひと言だった。

「俺が感じていること、言ってやろうか」

シドニー五輪でともに戦い、プロに入ってからも何度も投げ合ってきた黒木さんからのこの問いかけは2度目だった。1度目はこの年の開幕戦、3月24日の試合後だった。この試合で僕は6回6失点で敗戦投手となったが、この時も黒木さんから「気がついていることを言おうか」と声をかけられた。この時は「自分で考えます」とやんわり断った。やはり、自分で納得して答えにたどり着くことが必要だと考えたからだ。

だが2回目の問いかけに、僕は「お願いします」と素直に答えた。それだけ苦しかった。

すると、黒木さんは教えてくれた。

「お腹に意識が行っていない。丹田を忘れている。だからフォームは崩れる」

この言葉だけで十分だった。一番大切な部分が見えなくなっていたことに気がついた。

丹田とは、おへその下の部位。ここに意識を置くことは、自然とやってきたつもりだったが、ステップ幅や足の上げ方などを考えているうちに、それすらも崩れていたのだ。おへその下に意識を置くと、右足1本で立った時も、軸足の支点というものは母指球（足の裏、親指の付け根あたりのふくらみ）になる。逆に何も考えずに左足を上げれば、それはかかと方向や足の外側などに分散してしまう。

もちろん体はウエイトトレーニングで大きくなっているし、弱かったパーツも強化されているので、年々目に見えない変化というものは生まれるが、絶対に失ってはいけない「原点」に戻れたことで、僕の中でバラバラになっていたものが1つになった気がした。

この7月13日の勝利も入れると、9月11日までの11試合を8勝2敗で乗り切った。前半戦と後半戦では違った感覚もあった。無駄な力を入れなくてもボールが行く感覚が出てきていた。

3年連続の栄光より、3年連続の不満足

勝負の終盤戦。1999年はシドニー五輪アジア地区予選、2000年はシドニー五輪の影響で優勝争いの中でチームを離れた。だからこそ、2001年は優勝争いにどうしても貢献したかった。暑い夏にとにかく走り込んだ。前半戦の勝負どころで勝てなかったこともあるが、何とか9月の優勝争いの中で勝ち切りたい。そう思っていた。

9月17日の近鉄戦。チームは首位に立っていたが、この試合前、近鉄とは0・5ゲーム差しかない。この試合で負ければ、首位交代となる中でマウンドに立った。結果は8回6安打2失点。1対2で敗れた。途中で右足親指付け根のマメをつぶしながらも粘れたが、5回に勝ち越された1点が最後まで重くのしかかった。この試合から痛恨の直接対決3連敗。それでも、下を向いてなんかいられない。

次の登板は、24日に同じ近鉄との一戦。この時、首位の近鉄はマジック3で、西武は2・5ゲーム差をつけられていた。ここで負ければ優勝はなくなる。しかも、投手陣は疲れていただけに、先発の僕が投げ切らなくてはいけない。いくら打たれようが、そんなことよりもとにかくチームを勝たせなければいけない試合だった。

試合は9回表までに、6対4の2点リード。僕は9回裏、最後のマウンドに上がった。疲れ

ているとかどうとかではない。代打の北川博敏さんにソロホームランを浴びて1点差。それでも1死一塁からローズを空振り三振に仕留め、2アウトまでこぎつけた。しかし、中村紀洋さんに2ボールからの3球目、１４４キロのカットボールを右中間席へ運ばれた。

逆転サヨナラ2ラン。両手を膝について、下を向いたまましばらく動けなかった。ベンチに引き上げる際には東尾監督に声をかけられたが、何と言われたかすら、覚えていない。この試合、5回にはローズに王さんと並ぶ当時の日本タイ記録となるシーズン55号本塁打も献上したが、何より中村さんの一発は僕の心に刻まれた。

ロッカーでは、言葉にならない怒りが込み上げてきた。この日の試合だけではない。僕があと1勝していたら、あとアウト1つ取っていたら。長いペナントレース、色々な積み重ねではあるが、そのこだわりが足りなかったのかもしれない。いや、この試合にかぎっては、技術的なことではなく、精神力が弱かった。3年連続でリーグ優勝に届かなかった。それは、大事な試合を落としてしまった僕の責任だった。

10月1日。この試合は、優勝を逃し、退任を決めた東尾監督のラストゲームとなった。僕は先発を託されたが、5回3失点で勝利を届けられなかった。思えば、東尾監督とは、1年目から本当にお世話になった。試合の結果に対して何かを言ってくるわけでもない。自分で考え、悩んでいる時も常に、口を出さずに見守ってくれていた。

ただ、何も恩返しはできなかった。3年連続で優勝を逃したことがすべて。3年間ありがとうございますというより、本当にすみませんという気持ちでいっぱいだった。ドラフト1位で指名され、焼き肉店で会食した際に「日本シリーズの第1戦で先発させます」と言ってくれた。だが、遂にその舞台に東尾監督、チームを連れていく投球ができなかった。

3年目は33試合に投げて15勝15敗、防御率3・60で214奪三振。史上初の「高卒新人3年連続最多勝」となったが、悔しさだけが残るシーズンとなった。勝負どころで勝てなければ、エースを任される意味はない。

この年は、沢村賞にも選出された。最多勝、最多奪三振のタイトルは取ったが、勝率、防御率などで選考基準を大きく下回っていた。投手にとって一番名誉な賞で、プロに入ってぜひ獲りたいと思っていたが、まさかこんな成績で選ばれるとは思っていなかった。ただ、辞退は考えなかった。自分の将来に期待しての賞だと前向きにとらえた。自分自身の発奮材料とするつもりだった。

この年、苦しみながらも後半戦で立て直すことができた。自分自身に期待を持ちながら2002年、プロ4年目のシーズンに向かったが、僕は野球に対する取り組み、考え方に大きく影響する故障に見舞われてしまった。

日本シリーズ初登板で清原さんにホームランを打たれる

第8章

転機

——2002年〜2004年

ついにやってきた怪我との戦い

２９８０、２９４９、４０７２。

この数字は、僕が1～3年目に公式戦で投げた球数だ。1年目の１９９９年はシドニー五輪アジア地区予選の１０６球、２０００年はシドニー五輪の４２７球もある。日本シリーズに出場していたらもっと投げていたことになる。

今の野球界に照らし合わせれば、おそらく「投げすぎ」という議論にもなるのだろう。だから故障するのだ、と。ただ、中4日で投げ続けたわけでもないし、1年間フルに、一度も登板間隔を崩すことなくローテーションを守ったわけでもない。

確かに、日本シリーズも出ていない投手が４０００球を超えるなんてことは、もう今の時代はないのかもしれない。当時は「投げすぎ＝故障する」という考えに対し、逆らいたい自分もいた。投げ方がよければ、負担がない投げ方ができれば……。今だって球数が故障の主要因だとは思わないが、言えることは、自分の体にもっと敏感になるべきだったし、日常生活からケアできたことはもっとあったな、という点に尽きる。

２００２年は、前々年、前年に引き続き3年連続で開幕投手となった。開幕戦は3月30日のロッテ戦。9回2失点の完投で、ようやく開幕戦で勝利投手となることができた。そして5月

6日まで開幕から6連勝を飾った。ただ、白星とともに得る感覚はあまりよくない。4月下旬から、少し微熱がある状態が続き、体を動かすとせきも出た。

5月13日の近鉄戦。3回ぐらいから右肘にいつもと違う感覚があった。7回はマウンドに上がったものの、投球練習もせずにベンチへ戻った。自分から交代を申し出たのは初めてだった。ただ、15日に都内の病院で検査を受けた結果は「異常なし」。この時点で僕はそんな深刻には考えていなかった。

状態はよくならなかったが、5月26日の練習で、13日ぶりに捕手を座らせて50球を投げた。ちょっとずつ腕の角度を変えて投げてみたら、痛くない箇所があった。捕手目線から、腕の角度が見た目には前と変わっていないことを確認。これなら相手には分からない。練習を見守った松沼博久投手コーチに「いけます」と答えた。

これが大きな間違いだった。5月29日のダイエー戦は16日ぶりの復帰戦となったが、ブルペンでキャッチボールをしているうちに、違和感があった。でも、一度投げるといった手前、引けなかった。5回、連続四死球を与えて無死一、二塁となったところで降板した。

5回途中8安打3失点。まったく腕を振ることができず、プレートの踏む位置などを変えて、ごまかした投球だったが、それも中途半端だった。寺原隼人との先発の投げ合いだったが、僕は何もできないまま終わった。

痛みのないところを探して投げることが、どれだけ危ういことなのか、当時は分かっていなかった。ごまかして投げている間に、問題は大きくなってしまっている。

そして、無用な責任感。僕はずっと、首脳陣から「いけるか?」と言われれば「いけます」と答えてきた。当時の僕はエースとして、優勝を争う相手を前に、しかも登板直前に回避を申し出ることなどできなかった。

1つの怪我には、多くの理由がある。オフの草野球で、硬式球よりも小さい軟式球を投げると、リリース時の指先の感覚がよかった。硬式でもこの感覚がほしい。キャンプの時にボールを深く握って投げると、最後まで指先にかかり、軽く投げてもストレートが切れる感覚があった。同時にその練習を続けていると、肘を高くしないと、右肘の外側が引っ張られる感覚もついてきて、フォームが変わっていた。

原因を探すとキリがない。カットボールを投げすぎたという指摘もあったけれど、その因果関係は分からない。もちろん3年間、投げ続けてきた勤続疲労を指摘されても致し方ない部分はある。突き詰めればいくらでも考えられることがある。ただ1つ言えることは、アクシデントが起きた後にどう自分を変えられるか。そして体の反応に正直になれるか。それが大切なことだった。

6月1日に都内の病院でMRIによる精密検査を受け「関節に異常はなく、筋肉の炎症」と診断された。これだけ見ると軽症のように見えるが、医師からは「他の人だったらもう投げられなくなっていましたよ。筋肉がよく支えてくれていた」と言われた。右肘の筋肉がねじれて、骨や腱（けん）を支える限界に達していたのだ。ただ、僕にとってラッキーだったのは、それが腱の損傷などにつながっていなかったことだった。

最初は不安だった。正直、痛い時は箸も持てずに、お皿を口に近づけて食べた。しばらくは左手で箸を持っていた。治療も相当に痛い。ただ、治療を続けていくうちに、微妙に骨や腱が筋肉にくっつくというか、移動していくのが感じられた。体の中の内側の感覚を知ることができたという点で収穫はあった。

初めてと言っていい長期離脱。チームは試合をやっているのに、自分はテレビの前にいる。試合を見ることを意識的に避けてしまっていたように思う。もともと投げたがりの性格。しかも試合から離れる期間がこれだけ長いのも初めてといっていいことだった。僕の代わりにローテーションに入った張誌家（ジャンズージャ）の活躍や、チームが順調に勝利を重ねる姿を見ると、複雑な思いになった。逆に、自分が復帰した時には、誰かが押し出されることになるな、とか。

時間がある分、余計なことを考えてしまっていた。

その時に、巨人の桑田真澄さんからもらった１本の電話。そこでの言葉は大きかった。

「投げないことも大事。そこにも勇気がいる。治すことに専念した方がいいよ」

リハビリに絶対的な正解などない。どれだけ長い期間があっても、1歩踏み出す勇気がなければ、前には進めない。だが、この桑田さんの言葉は心にすっと入った。オールスターは辞退し、7月19日、離脱から50日以上が経過し、投球練習を再開した。そこからはフリー打撃に登板、7月30日のイースタン・リーグのロッテ戦に登板して、8月4日のダイエー戦が1軍復帰。くしくも、戦線離脱することになった試合と同じ相手だった。

6回途中から1回2／3を投げ1安打無失点。外野に飛んだのはバルデスのレフト前ヒットだけで、最速150キロも記録した。体のバランスなど課題を挙げればキリはないが、復帰戦としては悪くはなかった。5日の近鉄戦でプロ初の連投。1イニングだったが、肘の不安はなくなった。

ただ、先発復帰となった9日のオリックス戦では、3回無死一塁から送りバントを二塁へ悪送球したのに続いて、2死になってからは二塁への牽制がボークとなるなど、自分のミスから失点。試合はサヨナラ勝ちしたが、反省が残った。

これから試合勘を戻して……と思った矢先の8月16日の近鉄戦で、今度は股関節を痛めてしまう。2回途中で8失点KO。この試合もチームは逆転勝ちし、プロで初めてマジック点灯というものを経験したが、そんなことよりも、また離脱になるのかという思いでいっぱいだった。チームの発表は右足内転筋痛だったが、違った。8月30日に所沢での練習でブルペンに入ったが、股関節の痛みは取れていなかった。翌31日には出場選手登録を抹消された。なるべくしてなった故障だった。結局は右肘をかばっているうちに、足の使い方がずれてしまっていたのだと思う。どこかが悪くなると、どうしても連動して別の箇所もおかしくなる。自分ではかばって投げていないようでも、無意識のうちにかばう動作が続けば、違う箇所に負担が出る。

チームは独走しての優勝。僕も何とか日本シリーズには間に合わせたかった。９月を我慢してリハビリに当て、10月に入るとフリー打撃に登板するなど、急ピッチで状態を上げた。リーグ最終戦の10月14日のロッテ戦では４回５安打２失点。

ただ、正直言って、日本シリーズの相手となる巨人を相手にねじ伏せるだけの球威、感覚は戻っていなかった。20日のコスモスリーグの近鉄戦に最終調整登板。何とか戦う態勢を整えたつもりだったが、そんなに甘くはなかった。

心に刻んだ日本シリーズ

僕にとって初めての日本シリーズは、小さい頃からのファンだった巨人との決戦だったが、僕自身が戦える状態にまで上げられなかったという悔しさしか残っていない。10月26日の東京ドームでの第１戦。２回まで無安打に封じることができたが、僕の中では信じられるだけの球はなかった。

具体的に言えば、試合前のブルペン投球がひどかった。腕だけで振っている感覚がある中で、立ち上がりが驚くぐらいいい球が投げられていた。だが、このままでは持たないと思った。これは、怪我による離脱で、先発として長い試合を投げてこなかった影響だ。自分の中で力配分が把握できていなかった。

3回。先頭は9番打者の投手の上原浩治さんの打席。「リズムを変えよう」と思ったことから、変な力の抜き方をしてしまった。初球144キロの内角高め直球でファウル。2球目も直球で簡単に追い込んだが、5球目の真ん中に入ったカーブをレフト前に運ばれた。続く清水隆行さんには、2ボール1ストライクから外角を狙った球が甘く入って右中間へ先制2ラン。

そして2死二塁からは、清原さんの内角高めを狙った球が真ん中付近に入って、特大の一発を浴びた。3回4安打4失点でのKO。修正することはできなかった。

試合の中でギアチェンジを行えるほどの試合勘というものがなかった。この敗戦から3連敗。伊原春樹監督は、見切り発車ながら僕を初戦のマウンドに立たせてくれたにもかかわらず、僕はチームに勢いと自信を生む投球ができなかった。チームは3連敗で崖っぷちに立たされた。

第4戦はベンチに入った。2対2で迎えた6回、2番手でマウンドに立った。ただ、それまで投げていたのは西口文也さんで5回2安打2失点。しかも、同点に追いついた直後のイニングだった。この場面でまさか登板するとは想定できていなかった。ブルペンで声がかかった時に、思わず「僕ですか?」と聞き返してしまった。

先頭の高橋由伸さんにいきなり死球。続く松井さん、清原さんは三振に取ったが、阿部慎之助さんに死球。そこから斉藤宜之(たかゆき)さんにタイムリーを浴び、代打の後藤孝志さんに三塁打を打たれた。7回にも失点して、第1戦に続く敗戦投手となった。

4連敗での終戦。最初に僕で敗れ、最後も僕が打たれて負けた。降板してベンチに戻って謝った。何もできなかった。

思えば2001年も僕が中村紀洋さんに逆転サヨナラ2ランを打たれ、事実上の終戦となった。2002年も僕で終わった。僕はベンチで、巨人の優勝の瞬間を目に焼き付けた。その夜、石井貴さんと過ごした。「メシ、どうするの?」の問いかけに「帰ります」と断ったが、今度は強い口調で「メシ、行くぞ」。僕の心中を察してくれたのだった。

ご飯を食べながら、テレビのスポーツニュースでは打たれたシーンも出てくる。目を離さなかった。心に刻もうという、その一心だった。

4年目シーズンは6勝2敗、防御率3・68だった。半年くらい試合から遠ざかったことが転機となった。1年目は、横浜高時代からやってきたそのままをぶつけていった。2年目、3年目は色々な技術的変更を試み、苦しみはしたが、それでもマウンドに立つ中での悩みだった。

4年目は違う。グラウンドから離れることへの思い、リハビリでの発見、そしてブランクを埋めることの大変さ。そこから自分をどう日常生活からコントロールしていくべきなのか。僕に気づかせてくれた、野球人生の中でも、キーになる年だった。

成長できたと初めて感じた5年目

圧倒的悔しさが残る2002年とは打って変わって、入団5年目の2003年は僕にとっても、1つのステップを上がることができたと言ってもいいシーズンとなった。チームは2位に終わったが、29試合に投げて16勝7敗、防御率2・83と、自らをコントロールしながら、年間を通じて波なく過ごすことができたと思っている。

1月には横浜高校の同級生で、法大を経て西武に自由獲得枠で入団した後藤武敏と静岡の大仁(おおひと)で13日間の合同自主トレを行った。そう、2003年は高校時代の競い合った仲間が続々と入団してきたのだ。僕たちはいつからか「松坂世代」と言われるようになった。

僕は負けるつもりはなかった。同級生の活躍はもちろんうれしいが、インタビューなどでは「絶対に追いつかせないし、常に遥か先、霞(かす)んで見えないくらい先にいたい」などと答えた。自らにプレッシャーをかける意味もあったし、自分自身に限界を設けたくなかったからだ。

4年連続開幕投手を務めた3月28日の日ハム戦は7回4失点(自責2)で負け投手となった

が、3戦目となった4月14日の近鉄戦での初勝利も含めて、11試合で10連勝を飾った。すべて7イニング以上投げてのもので、内容もしっかりしていた。

大きかったのは、試合の中でギアチェンジができるようになったこと。ギアチェンジは力の入れ方の加減だけではない。気持ちの上げ下げも含まれる。これまでは下げようと思ったら、一気に下がってしまい、上げようと思っても、なかなか上がらなかった。この頃から、その日のエンジンの回転数を見ながら、ギアを自在に変えられるようになった。

そして、プロ入り後に磨いてきた球種がものになっており、勝負球にも使える球種が増えたのも大きい。それまでのすべてが紆余曲折を経ながら高いステージに上がった。9回になっても、疲れをそれほど感じない試合も増えた。

前年の故障に苦しんだ反省も生かせた。開幕2戦目となった4月4日の近鉄戦。2回を投げ終え、58球で降板したのだ。

初回を投げ終えたところで、自ら降板を願い出ていた。2回はそっと投げていたが、これ以上投げると迷惑がかかると思った。もし、長期離脱なども経験しない僕だったら、絶対に降りなかったと思う。先発として任された試合はどんなことがあっても投げ切る覚悟で臨んでいた。だが、無理することで長期離脱につながることの方が、チームに迷惑をかけると分かった。だから素直に2回で降りさせてもらった。

5月23日のダイエー戦では右足親指のまめをつぶして少しだけ間隔を空けてもらった。急いでもしょうがないと思えるようになったことが、その後の10連勝につながったと思っている。

でも、この年は運もなかったのかもしれない。11連勝がかかった6月28日のダイエー戦。4回まで1安打無失点と好投しながら、5回1死二塁から打者の打球が右手人差し指と中指の第2関節付近に当たった後、跳ね返って右足のすねにも当たり、降板となった。レントゲン検査の結果は「右手人差し指、中指の打撲」で幸い骨に異常はなかったが、敗戦投手に。右肘に違和感が残り、ここから3連敗を喫した。

さらに1試合の中継ぎ登板を経て、7月30日のロッテ戦から再び5連勝。9月に入ってからは1勝しか挙げられなかったが、5年目で初めて最優秀防御率のタイトルを獲ることができた。

2年目、3年目は投球フォームがひとたび狂えば、おかしいところはないか、と細部にわたってチェックしていた。

ただ、この頃になると考え方も大きく変わった。変化がない体なんてない。だから投球フォームがその日その日で微妙に変化してしまうことに動じず、変化を認めるということ。絶対に自分の中で失ってはいけない部分だけはチェックポイントとして持ち続けるが、体とともに感覚も変わるのはしょうがない。そういった柔軟な考えに行きつくまで試行錯誤し、時に間違ったことに手を出し、ようやく5年目で行きついた気がした。

また、年ごとに球種についても、自分にノルマを課してきた。2年目はカットボール、3年目はカーブといったように、使えなかった球種を使えるものに試合の中で磨いた。と同時に、すべてが器用貧乏であってはならない。投球にはメリハリも大事だし、本当の勝負どころまで引き出しを開けないことも意識してきた。

入団5年目までには、ストレート、スライダー、フォークボール、チェンジアップ、スライダー、カットボール、シュートを投げ分けられるようになったが、1試合で全部を駆使することはなかった。だいたい3、4球種くらいである。年によって使う球種も変えていた。相手打者のスイングの軌道、特徴を見て、同じ球種でも曲がり幅も変えた。毎年活躍するためには、変化を恐れないだけでなく、手に入れたものについての取捨選択も必要になる。

個人成績、野球哲学、球種の扱い。どれをとっても、僕にとって2003年が飛躍の年だった。

チームへの思い、毅への闘志

2004年はチームが大きな変革期を迎えていた。西武の頭脳とも言われた伊東勤さんが引退して監督に就任。野手のリーダーだった松井稼頭央さんがメジャーリーグのメッツに移籍した。僕は6年目、24歳のシーズン。投手陣だけではなく、チーム全体のことを考えなければいけない年齢になった。

チーム全体のためには、どうすればよいのか。投手にとっては、バッテリーを組む捕手が重要だ。ダイエーに移籍した工藤公康さんが、城島健司さんを正捕手に育てるために、あえてサインに首を振らず、打たれた後に解説したという話も聞いていた。

引退した伊東さんに代わって正捕手となった細川亨さんは２００１年ドラフトの自由獲得枠で入団し、僕よりも１学年上だったが、プロに入ったのは僕が先。先輩として、細川さんの成長の手助けをしなければいけないと思った。

投手が関係するのは捕手だけではない。投球リズムは、味方野手のリズムにも影響する。投球に必要以上の時間をかけてはいけない。前年の２００３年くらいから、捕手との呼吸の中で意識的に投球間隔を狭め、捕手からの返球を受けてから、捕手のサインをのぞくまでの時間、サインを出してもらう時間なども気にするようにしていた。

寒い日には、野手の体をあたためることも大切だと考えた。三振を狙いすぎるよりも打たせることで、守備に軽快に動いてもらう。自分のことだけ考えれば、抑えればいい。ただ野球はチームスポーツ。自分が抑えても、野手に打ってもらわなければチームは勝てない。投手の立場でできることは、やっていこうと思っていた。

この年、５年連続開幕投手を務めながら、開幕戦、２戦目と連敗。体の不調としては、背中の張りを感じていた。３戦目でようやく完封勝利を収め、４月16日のダイエー戦では同級生の和田毅との初対決となった。２００３年シーズンは一度も先発で投げ合うことがなく、この試合が初めてだった。

毅と投げ合う以上、しっかりした形で勝ちたかった。結果は９回３安打の完封勝利。２試合連続となる完封は、球団史上初だったと後で知った。

毅とは高校の時に対戦はなかったが、早大での活躍は大きな刺激にもなっていた。２００３年のアテネ五輪最終予選では長嶋茂雄監督のもと、チームメートにもなっていた。その毅とついに投げ合える喜び。同世代の活躍を見て、僕は燃える。絶対に前には行かせない。開幕から背中に張りを感じていたが、それをも忘れるくらい、アドレナリンが出ていたのだと思う。

ただ、背中の張りが、いつまでたっても抜けなかった。キャンプ中にできた右手親指のマメの影響で、余計なところに力がかかったせいもある。５月23日のダイエー戦では、５回を投げ終えたところで降板した。

このままではチームに迷惑がかかると思った。何かをかばってフォームが大きく崩れる。練習も進展しない。試合では、ごまかしながら投げることで球数もかさむ。それがまた体の不調につながる。悪循環になってしまう。そう考え、療養期間をもらった。病院での診断では、骨盤のズレが背中の張りにつながるということだった。

骨盤のズレはトレーニングの中で治すことができる。さらに言えば、登板したその日や、トレーニング後のクールダウンをしっかりと意識することで、その日のうちに状態を立て直せる。試合後の球場で黙々と走るのはそのため。トレーニングへの意識が変わっていった。

6月14日から2試合の中継ぎ登板を経て、6月22日のオリックス戦で9回3安打の完封勝利。さらに6月29日の近鉄戦も10回5安打の完封勝利と、1カ月ほどの期間で体の状態は立て直すことができた。

揺れる球界、ノリさんからの「ありがとう」

復帰早々の6月には球界にショッキングな話が飛び出した。近鉄とオリックスの合併が発表されたのだ。ここから、球界の話題は成績ではなく、1リーグ制などの球界再編の動向ばかりになってしまった。

ちなみに僕自身の考えでは、プロ野球は12球団よりも、もっと増えていいと思っていた。野球を目指す少年少女の目標として、プロ野球が発展拡大していくことを願っていたからだ。

それが逆に、球団数が減るという事態も想定される状況になってしまった。球団問わず、選手は不安になった。ただ、そこからの選手間の横の連帯感にはすごいものを感じた。それは、プロ野球というスポーツの危機をみんなで乗り越えていこうという力だった。

7月のオールスター戦は、球界再編のうわさも相まって、「最後のオールスターになるかも」などと言われていた。12球団の存続を願って、オールスターに選ばれた選手たちは12球団のカラーを折り込んだミサンガをつけた。

オールスターには入団から3年連続で出場していたが、2002年、2003年は故障もあって出場を辞退していた。オールスターの場に戻れた2004年は、2年間出場できなかった個人的な思いに加え、球界再編に思うところも、プレーの中でぶつけたつもりだ。

7月10日のナゴヤドームでの第1戦は、3回から2番手で登板した。3回はしっかり体を使って投げることだけを意識していたが、4回には最速を狙った。4回1死から対戦した高橋由伸さんへの2球目に156キロを記録。僕にとってプロでの最速タイ記録だったが、この156キロを3球記録できた。

結果は2回無安打無失点の4奪三振。28球中14球を数えた直球はすべて150キロを超えた。さらに、勝利投手となってMVPも獲得した。ただ、これはオマケとしか考えてなかった。何よりも、僕の投げる姿を見た方々に、思いが伝わってくれればと思っていた。

8月のアテネ五輪の話は後で触れたい。五輪から戻ってきても、球界は混迷を極めていた。日本プロ野球選手会は合併の1年凍結をお願いし、それが無理な場合は新規球団の来季参入と、さらに近鉄・オリックスの合併球団が予定している25人のプロテクトを撤廃するよう求めた。

プロテクト撤廃は、近鉄、オリックスでプレーする選手が、自分の意思で合併球団に所属するか、他球団に移籍するかを決められるようにしたいという意図だ。

ただ、経営者側とは折り合いがつかなかった。これに対し、世間では賛否両論あったが、選手会はストライキ決行を決断。9月18日と19日、書き入れ時の土曜日、日曜日に予定していた試合は開催されなかった。

そしてついに9月23日。選手会の思いが通じ、2005年の12球団制維持に向け、新規球団参入などで合意した。もしこの時に、1球団消滅を認め、さらに新規参入球団の審査すら先送りにされていたらどうなっていただろう。プロ野球選手が夢の職業であり続けるためにも、球界縮小を避けるストライキは避けられなかったのだと今も思う。

9月24日は、近鉄にとって本拠地・大阪ドームでの最終戦だった。相手は西武。僕は登板予定がなかったが、中村紀洋さんが「近鉄での最後は松坂と対戦したい」との要望を伊東監督に伝えていたらしい。僕も投げるつもりで志願していた。2番手で5回から登板。6回先頭でノリさん（尊敬を込めてこう呼びたい）と対戦した。

ノリさんは、僕にたくさんの成長を促してくれた方だ。バットを持たせてもらったこともあるが、長いバットで、しかもバットの先端の方に重心を置く、これぞ長距離砲というものだったが、その長さを感じさせない柔軟さとパワーがノリさんにはあった。手痛い一発を浴びたこともある。

6回先頭、ノリさんがバッターボックスに入った瞬間に震えがきた。僕は防御率1位のタイトルを争っていたので、首脳陣から「しっかり配球を考えて投げるように」と言われていた。つまり変化球も混ぜて慎重に戦えと言われたのだが、関係なかった。僕は真っすぐで勝負したかった。

結果としてわずか3球になったけれど、バッターボックスからマウンドまでの18メートルの距離でしっかりと会話はできたと思う。空振り、空振り、そしてセカンドゴロ。僕の気持ちを込めた真っすぐに対し、体勢を崩すほど豪快なフルスイングだった。試合後にノリさんから「ありがとう」と言ってもらったが、僕こそ感謝の思いしかなかった。近鉄一筋のノリさんとはもう対戦できない。そう思うと、僕も寂しさが募った。

そして悲願の結末へ

チームは2位でレギュラーシーズンを終えたが、この年からプレーオフが導入されたことで、ポストシーズンの戦いに進んだ。プレーオフを勝ち抜き、日本シリーズに出場したチームをリーグ優勝と見なすのが、この年の規定だった。つまり、まだ優勝の可能性が残っていた。

プレーオフ第1ステージの相手は、シーズン3位の日本ハム。僕は第1戦に先発したが、8

回途中7失点で降板。チームが打ち勝ってくれたが、もちろん自分自身では納得などできなかった。その後、チームは第2戦を落としたが、第3戦を勝利。第2ステージへと駒を進め、また投げられるチャンスをもらえた。

プレーオフ第2ステージはシーズン1位のダイエーと。僕は第2戦に中5日で先発した。レギュラーシーズンでは2試合あった、和田毅との投げ合いになった。この試合は打線が早くから毅を攻略してくれた一方、僕は6回4安打無失点。7回表を終えて11点差がついたため、次の戦いを見越して、82球で降板した。

この試合で思い出すのは、三冠王となった松中信彦さんとの対戦。2打席目にフォークボールでセカンドゴロに仕留めた。レギュラーシーズンではこの年、ほとんど使っていなかったフォーク。ここ一番で引き出しを開けた。

その後、ダイエーとの決戦は2勝2敗で11日の最終第5戦にもつれ込んだ。僕は中3日で先発。103球で6回6安打1失点でチームも勝利。

今まで悔しい思いをしてきたここ一番で、ようやくチームを優勝に導く投球ができたと思った。2002年の優勝時はリハビリ中で胴上げの輪の中に加われなかったが、ようやく初めて、その輪の中に加われた。「プロに入って一番感動しました」と素直にコメントした。ビールかけも初体験。少し冷たかったけど、こんなにはしゃいだのは久しぶりだった。

ただ、喜びもつかのま。休むことなく日本シリーズが始まる。相手は中日だった。第１戦は石井貴さんが７回２安打無失点の快投で先勝。この試合、ベンチから見ていて、中日打線の迫力をあまり感じなかった。それが心の隙を生んでしまったのか、続く第２戦に先発した僕は結果が出せなかかった。

初回に２点の援護をもらいながら、３回に逆転を許してしまった。中日の目の色が違う。試合後に落合博満監督が「松坂だったからよかった。松坂を打って勝つんだという意識をみんな持っていますから。他のピッチャーだったらここまで負けん気は出なかったでしょ」と話していたが、マウンドで圧倒されるくらい、中日の選手たちの目はギラついていた。

試合は今度は西武が逆転し返していたが、３点リードの７回に僕が崩れた。１死一、三塁から立浪和義さんから同点３ランを浴びた。その後もピンチを背負って谷繁元信さんに勝ち越しの二塁打を浴びた。終わってみれば、６回１／３を９安打８失点でＫＯ。１勝１敗となった。

その後、チームは第３戦に勝利し、第４戦、第５戦を落とした。僕は２勝３敗で迎えた第６戦に再び先発。ここで負けると中日の日本シリーズ制覇となってしまう。負けられない一戦に集中力を高めた。２００２年の日本シリーズで巨人の胴上げを目に焼き付けていた。もうあんな悔しさを味わいたくない。心は熱く、しかし頭は冷静に。精神をしっかりコントロールしてマウンドに上がった。

初回は11球中、8球が変化球。第2戦でカウントを取りに行った直球をことごとく狙われていたからだ。投げながら自らの状態を見極め、修正を施す。ピンチを迎えても、冷静に対処できたと思う。8回6安打2失点。日本シリーズ通算4試合目で初めて勝利を手にできた。

迎えた最終第7戦。8回に登板した。走者を2人出して2死一、二塁のピンチとなったが、最後は直球でアレックスをレフトフライに打ち取った。

日本一が決まった。

プロ6年目でようやくつかんだ日本一の栄冠に喜ぶ余裕はなかった。プレーオフから日本シリーズにかけての25日間、15試合の激闘で、6試合に登板していた。日本一の瞬間に真っ先に頭に浮かんだのが「これで休める」だった。

MVPは石井貴さん。2002年の日本シリーズの時、日本一を逃した日に僕を食事に連れ出してくれた、尊敬する先輩だ。貴さんは肩の故障で苦しんでいたのだが、それを一切こぼすことなく、若手投手の精神的支柱になっていた。貴さんのMVPは僕にとっても最高にうれしかった。

ビールかけには参加しなかった。疲れたこともあるが、10月23日に起きた中越地震の被災者の心情を考えると、はしゃぐ気にはなれなかったというのもある。救援物資が届かないといったニュースを目にすると、いたたまれない気持ちになった。

そして、日本シリーズから間をおかず、10月29日。東京・港区の東京プリンスホテルで僕は会見を行った。日本テレビの柴田倫世アナウンサーとの結婚会見だった。心の準備はしていたが、前日から緊張した。

沢村賞を獲得した2001年オフ。僕は彼女にプロポーズをしていた。

「一生守っていくから」

この言葉に彼女は涙を流してくれた。それから3年。僕がしっかりと野球選手として成長しているかを、ずっと見守ってくれた。僕の不用意な行動で、彼女の心を傷つけたことも一度や二度じゃない。ただ、僕は、彼女がいなければ駄目だった。

2004年12月4日。静岡県の三嶋大社で結婚式を挙げた。

プロ6年目の2004年は、アテネ五輪、初めての日本一、そして結婚と、大きな転機となる年になった。

第1回 WBC メキシコ戦での先発登板

第9章

世界
―日の丸の記憶

台湾へのリベンジ

2021年夏、日本代表がオリンピック野球競技で初めて優勝した。

僕が出場した2000年のシドニー五輪、2004年のアテネ五輪の時はもちろん、正式種目として最後の実施となった2008年の北京五輪でも、日本代表は金メダルを手にできなかった。

その野球競技が、正式種目ではないにせよ、東京オリンピックで復活した。自国開催であるし、東北復興の意味もある。日本の方々の期待値も含めて、僕の時とはまた違ったものがあったはず。当時の日本代表が届かなかった頂点を手にしたチームに、心から敬意を表したい。

僕が初めて「日本代表」のユニホームを着たのは、14歳夏、1995年のことだった。

ブラジルで行われたIBA(国際野球連盟)主催の「第2回ワールドユースチャンピオンシップ」の世界大会に出場した。その時の寄せ書きには「最強のエース、松坂大輔」と記したが、全国から選抜された18人中、9人が投手で、球の速さでは1、2を争うものはあったと思うが、総合的な実力では真ん中くらいだったと思う。よくあんなことを書いたなって、今では思うくらいだ。

チームを背負う意識というものはなかったように思う。準決勝進出がかかった台湾戦。2番手で登板したが、5四球を与えて6失点。日本はこの試合に敗れ、準決勝進出を逃して5位に終わった。どこかでなめていたのかもしれない。世界の壁というものを思い知らされたというか、逆に世界にはこんな素晴らしい選手がいるということを知ることができたことが、僕にとって大きかった。

次の代表選出経験は、西武入団1年目の1999年。シドニー五輪地区予選を兼ねたアジア選手権に選出された。プロとアマの混成チームだが、プロの出場が少なくなったのには理由があった。アジア選手権の開催は9月。シーズンの優勝争いが佳境だった。個人的には、国際大会は5年前に5位に終わっただけに、日の丸をつけて、当時世界最強と言われていたキューバを倒したいと思っていた。

ただ、西武ライオンズに対して出場の希望を強く言えるはずもない。けれど、当時のオーナーが「パ・リーグは人気の面でセントラルに押されているのだから全面協力すべき」という方針を示したことで、実現しない話ではなくなっていた。

結局、アジア選手権日本代表24人中、プロは8人となった。パ・リーグ6球団から1人ずつ、西武から僕が選ばれ、ダイエー・松中信彦内野手、ロッテ・初芝清内野手、近鉄・小池秀郎投手、オリックス・川越英隆投手、日本ハム・井出竜也外野手が選ばれた。さらにセ・リーグからは、ヤクルトの古田敦也捕手、広島の野村謙二郎内野手が選ばれた。

今思うと、本当に苦渋の決断だったと思う。代表に選ばれたことで、投手もペナントレースの1試合は確実に抜ける。普段と違う空気の国際大会で、故障のリスクだってある。送り出してくれた堤オーナー、球団、そして東尾監督には、本当に感謝している。

簡単にアジア選手権の試合形式を説明すると、予選リーグが2組3チームずつに分かれ、各組上位2チームが決勝リーグに駒を進める。プロの野手4選手は予選リーグから出場、バッテリー4選手は決勝リーグからだった。

僕が任されたのは、決勝リーグ初戦の台湾戦。この一戦に勝つか負けるかで予選突破の確率は大きく変わるだけに、僕も自然と気合が入った。9月13日に韓国・ソウル入りして、同15日の試合だった。結果は9回3安打1失点の完投。最速は153キロだった。チームは9回裏、2死二、三塁から横浜高校の先輩・平馬淳さんがサヨナラヒットを放って勝った。

5年前、台湾に自滅の投球で敗れていただけに、慢心はなかった。接戦だったことが逆に集中につながった。日本は翌16日の中国戦にも勝ち、アジア選手権に準優勝、つまり五輪出場権を獲得した。

これでひとまず、僕の役目は果たせた。再び西武に合流して投げた9月21日と29日は何とか2勝できた。代表から帰ってきて負けるのだけは嫌だったから必死だった。

初めてのオリンピックは3戦全敗

２０００年シドニー五輪本番。またしてもプロからは8人だったが、ヤクルトの古田さんはチームの優勝争いに欠かせない選手ということで、選出はされなかった。

ここでもやはり、本当に難しい決断を各球団は強いられたと思う。アジア選手権は10日程度の離脱で済んだが、五輪本番はそうはいかない。しかも、予選リーグ初戦から決勝までの11日間で9試合というフル稼働。僕自身も2、3試合は投げる覚悟だったし、大会の前後を含めれば3週間近く離れることになる。古田さんの不在は僕自身も不安に思うこともあったが、当時の野球界、プロ・アマの関係性、セ・パ両リーグの状況を考えると、致し方ないことだったように思う。

このシドニー五輪は、僕としてはふがいなさばかりが残る大会だ。

予選リーグのアメリカ戦で、僕はチームを勝利に導けなかった。0対0で迎えた7回に先頭打者から3連打を浴びて先制点を奪われた。無死一、三塁では、ピッチャーゴロを二塁へ送球したが、その間に三塁走者に生還を許した。その後、味方の粘りで追いついて延長戦に入ったが、10回、１３８球で降板。８安打2失点という成績だった。結局、日本はサヨナラ負けを喫した。

アメリカのトミー・ラソーダ監督から「いい投球だった」みたいなことを言われ、笑顔で返したけれど、目は笑っていなかったと思う。負けてもまだ予選リーグ、絶対に決勝トーナメントに進出してリベンジするという思いだった。

その後日本は4連勝し、迎えた韓国戦に僕は先発登板。初回、李承燁（イスンヨプ）に本塁打を浴びるなど4失点。味方が得点を返してくれて9回7安打5失点と粘ることはできたが、延長10回の末に敗戦を喫した。

実はこの日の朝、寝違いを起こしていた。起きたら、左肩が張っている。利き腕ではなかったので、マウンドに上がったが、違和感があるままで、初回に大量失点を許したというわけだ。言い訳をしたいのではない。僕の管理不足を恥じたいのだ。4勝2敗で他国の結果を待ち、準決勝に進むことが決まったが、僕の心が晴れることはなかった。161球を投げたが、もうやるしかない。気持ちは、中3日で臨むことになる、決勝戦もしくは3位決定戦に向かっていた。

結局、僕が臨んだのは3位決定戦で、相手はまたも韓国だった。

8回を6安打10奪三振と力投したが、0対0の8回裏に李承燁に2点二塁打を浴びるなどして1対3で敗れた。李承燁は予選リーグの初回に本塁打を打たれた後、6打数無安打5三振と封じていたが、3位決定戦で打たれた1球は今も脳裏に焼き付いている。

李承燁の5三振のうち3つはフォークボールで奪っていた。シドニーの気候の影響か、日本と落ち方が違ったので、僕はチェンジアップではなくフォークボールを選択した。それで李承燁はタイミングを外していたことは分かっていた。

8回の李承燁の打席、直球で空振りを2つ取り、フルカウントとなってからの勝負球でキャッチャーの鈴木郁洋（ふみひろ）さんのサインに3度も首を振ってしまった。ホームランを打たれたのが真っすぐだったので、決め球にストレートを選ぶのに恐怖があった。フォークボールと迷った末にストレートを選択したが、甘く入った。この1球で決めてやるという勢いが、この球にこもっていたか。今思うと、悔しい1球だった。

3試合で428球。いずれも白星を呼ぶことはできなかった。帰国後の会見で僕は「今回の五輪で初めて〝何か〟を背負って投げることを実感しました。この大会は悔しさだけしか残らなかった」と話した。今まではチームのためにと考えるだけでよかった。だが五輪では、日の丸と、野球界の未来を背負っていた。ロッカールームまでの通路で、涙がこぼれ落ちそうになった。

日本が1984年のロサンゼルス五輪（正式種目ではなかった）から4大会連続で獲得してきたメダルを逃した。アマチュアの選手がどんなにオリンピックを待っていたかを考えると、僕がアマチュア選手の出場機会を奪わなければ勝てたのではという気持ちもあった。

この大会を前に僕は20歳になった。祝勝会となるはずの宿舎での打ち上げは慰労会となった。

最後の1杯だけ、ビールを飲んだ。苦かった。

西武に戻った時には、ダイエーに水をあけられてリーグ優勝は絶望的となっていた。次回登板は10月3日だった。ダイエーの胴上げだけは見たくない。公式戦最長の10回144球を投げきっての完投勝利。そしてシーズン最後の10月9日のロッテ戦でも9回1失点で完投した。前年同様、せめてもの意地だった。

「松坂大輔のところでまた勝てなかった」

4年後。2004年のアテネ五輪はオールプロで臨む初めての大会となった。前年の予選を兼ねたアジア選手権では3連勝で出場権を獲得していた。

野球界の未来を背負う。その意味ではアテネ五輪は、近鉄とオリックスの合併問題が球界再編へと発展していく渦中での開催だった。また、長嶋茂雄監督は3月に脳梗塞で倒れていた。オールプロといっても1球団各2人の24選手。真のドリームチームではなかったが、何としても金メダルを持ち帰りたい。日本の野球界の色々な思いが詰まった五輪だった。

僕自身の調子も悪くなかった。ペナントでは6月下旬から6試合に投げて4勝1敗。イタリア・パルマでの直前合宿では、3回1安打無失点に抑えた。自信を持って大会に入った。

僕の大会初戦は予選リーグ3戦目のキューバ戦だった。大野豊投手コーチから「キューバだから、頼むよ」と言われた。打倒キューバはプロに入ってからの目標の1つだったし、シドニーでは対戦できなかった相手だった。キューバの打者は外角の球も思い切って踏み込んでくる。コントロールで勝負しなければと思っていた。

初戦のイタリア戦は上原浩治さん、2戦目のオランダ戦は岩隈久志(いわくまひさし)が先発だった。連勝で運んでくれた流れを僕が切るわけにはいかない。

そして試合前、球場へ向かうバスの中で読み上げられた長嶋監督のメッセージ。

「浪人時代(編集注:巨人での第一期監督解任後の1981年)にキューバを訪れた時からキューバ野球を倒すことが私の悲願になりました。きょう、その日が来ました」

23年分の思いをつづった長嶋さんの言葉が心に染みた。この場に一番いたかったのが、長嶋監督なのだと感じた。実はアテネに向かう前には「野球の伝道師たれ」「日本のエースは君だ」とのメッセージも受け取っていた。監督のためにも、そして日本のためにも、勝たなければいけなかった。

そのキューバ戦。2回に和田一浩さんが先制2ランを放ってくれた。さらに4回には4番の城島さんが貴重な追加点となるソロホームラン。僕の方を指さして「今度は俺のために頑張れよ」と叫んでくれた言葉を受け取った。さらにノリさんも連続本塁打。いい流れで試合が進んでいた矢先、アクシデントが起きた。

今でもあの打球はスローモーションのように映像として残っている。4回1死までノーヒット投球をしていたが、迎えた3番ユリエスキ・グリエルに投じた151キロの速球が次の瞬間、僕に向かってくる打球へと変わった。「当たる」と覚悟して身を固めた直後、右肩の下あたりに直撃した。僕は、直撃だから足元付近にボールが落ちていると思い探したが、見失ってしまい、結局、一塁をアウトにできなかった。その後に……激痛。

すぐにベンチ裏に下がった。中畑清ヘッドコーチと大野豊投手コーチは「この体じゃ無理だろう」と投手交代へ動きかけたが、僕は「いきます！」と数回、声を張り上げた。その声はネット裏にいる記者席まで届いていたという。城島さんが「僕が受けて、球が走っていなかったらダメ出しをする」と言ってくれた。ここで交代するわけにはいかなかった。痛みを本格的に感じる前にマウンドに上げてほしい。その一心だった。

あいにく上腕の感覚はマヒしていた。指先にもマヒがあった。患部にきつくテーピングというか、圧迫をし、イニングの合間にはアイシング。それで感覚がなくなってしまったのだと思う。僕にできることは、体に残る感覚、内なる感覚を信じることだった。ここでリリースすれば、あそこにボールが行く。そう信じて投げるしかない。

インサイドに投げるのは怖かったが、ボールがいってないと判断されたら、交代されてしまう。8回まで4安打無失点。9回に3点を失って交代したが、チームは6対3で勝利した。日本はオリンピックで5戦全敗だったキューバを相手に、ついに初勝利をもぎ取ったのだ。

後でみんなが「あの時の大輔は怖かった」と話していた。マウンドを降りる気なんてなかった。チームに迷惑をかけるなら降りたけど、僕の球も気持ちも死んでいなかったから、代えられなかったのだと思う。

野球人生を考えた場合、いち早く降板して治療すること、もしくはその後の登板をしないという判断もできたのだとは思う。野球選手は個人事業主だから、自分の体を守るのも大事というのも分かる。ただ、あの時はそういう発想そのものがなかった。責任感という言葉で片づけたくないが、「日の丸」がそうさせたのかもしれない。

宿舎に戻ってすぐに治療に入ったが、痛みは消えなかった。内出血もおさまらない。手にはボールの縫い目もクッキリとついていた。アイシングに電気治療を繰り返した。次の登板は1週間後の準決勝。間に合うかなという気持ちは正直あったが、「投げられるかどうか」ではなく「投げる」という覚悟で懸命な治療にあたった。

結局、準決勝・オーストラリア戦のマウンドにも立つことができた。もちろん右上腕の違和感は消えなかった。ただ、「慎重になれる」という意味では、万全の状態で臨むよりもよかったと前向きに考えていた。ある程度、出力を抑えながらも先制点を取られるわけにはいかない。5回までに10三振を奪うなど、緊迫した展開が続いた。

6回にピンチを迎えた。2死一、三塁。キングマンに1ボールから投じた2球目、外角へ投じたスライダーをライト前に運ばれた。8回2死でマウンドを降りた。5安打1失点で13奪三振。この数字だけ見れば好投だが、1点を失ったことに変わりはない。結果は、0対1で日本の敗北。負けたら終わりの一発勝負の途中で代えられたことも、僕にとって苦い思い出となってしまった。

オーストラリアとは予選リーグから2戦2敗だった。おそらく力の差としては10回やって8回は勝てる相手だ。ただ、勝負は1球で変わってしまう。唯一の失点となったスライダー。自分としては内角のストレートのサインを出してほしかったのかもしれない。本当に納得してあの1球を投じられたか。悔いが残る。そして、決勝戦のマウンドに和田毅を立たせられなかった。悔しさで寝るまで時間がかかった。

3位決定戦、日本はカナダを降した。そしてその後の決勝戦をスタンドで観戦した。表彰式では、キューバの選手の首にかける金メダルが、目の前を横切った。一方、僕らの首にかけられた銅メダル。僕はすぐに外したことを覚えている。シドニー五輪での金メダルを目標にしていたアマチュア選手の思いも勝手に背負い、4年後のアテネ五輪に臨んでいたが、また結果を出せなかった。「松坂大輔のところでまた勝てなかった」という声も痛いほど届いた。

やはり五輪には五輪の戦い方がある。「予選リーグから全勝で金メダル」という意識で戦ったが、それだけでは勝てない。大会期間中のどこにピークを持っていくのか。投手はどうやって、一番大事な大一番にフレッシュな状態に持っていくのか。オールプロで臨んだ初の五輪。今思えば、そういった戦略、チームとしての意思統一といったものが足りなかったのかもしれない。

シーズンを終えた2004年の11月。僕はプロに入って初めて日米野球に参加した。札幌ドームでの第6戦だった。4回までパーフェクトに抑え、9回を5安打、無四球、1失点。メジャー選手相手では、1984年の対オリオールズ戦での川口和久さん以来20年ぶり、全米相手では1953年の荒巻淳さん以来51年ぶりの完投勝利だったという。

この一戦から3週間後の2004年12月2日。契約更改交渉の席上で、僕は初めて球団側にメジャーへの移籍希望を伝えた。

WBCに向けて

2006年3月に行なわれた第1回のワールド・ベースボール・クラシック(WBC)。代表候補に選出された時点で、僕は「私情」を捨てた。というよりも、意識になかった。メジャーリーガーを抑えて自分の名前を覚えてもらおうといった功名心は、この時点ではもうなかった。そもそもオフシーズンのメジャーリーガーを抑えられないくらいでは、近い将来メジャーに行ってから苦労する。そのくらいに考えるようになっていた。

むしろ意識したのは、高校時代から心のど真ん中に置いてきた「ONE FOR ALL」。全員が同じ思い、テンションで臨むことには難しいものがあると五輪では感じさせられたが、やはり全員が同じ方向、同じ意識を持たなければ、窮地に追い込まれた時に一体となれない。

ONE FOR ALLの精神から、3月にどうベストパフォーマンスを出すか。それだけを考えていた。例年ならシーズンオフを1カ月くらい取っていたが、2005年のシーズンを終わった翌日から、トレーニングを開始した。完全にトレーニングを休んだのは、12月初旬に長女が生まれ、徹夜で立ち会った時くらいだった。

オフには野球関係のゴルフコンペも多く、さすがにこれを断るわけにもいかなかったが、いつもラウンドが終わった後にトレーニングへ行っていた。妥協はしたくなかった。メンバーは12月9日に発表されたが、その発表前からイチローさんは「出る以上は世界一になりたい」と熱く語っていたし、僕もしっかりと準備を重ねて、代表合宿に入りたかった。

アジャストしないといけないことは多かった。大会公式球となる大リーグ公式球にいかに対応するか、さらに2次ラウンド以降の舞台となるアメリカの気候では、その感触がどう変化するのか、そしてマウンドの違いにどう対応するか。焦って急仕上げをするのではなく、1つひとつボタンをかける作業を丁寧に行うよう自分に言い聞かせていた。

2月25日の壮行試合、僕は12球団選抜戦に先発して、4回に横浜の村田修一に3ランを浴びるなど4失点で降板した。1次ラウンドの球数制限はなんと65球ということもあって、センター方向に打球がいった時には、思わず投球数の表示が気になった。

しかし、大事なテーマはそんなことではない。アメリカ製のロジンや公式球へ対応できるかがもっと気になった。やはり球が違うと体のバランスも変わるが、想定内だった。ロジンをつけすぎて、塁への送球がうまくできないということも発見。本番へのいい確認となった。

僕はそのまま大会本番に入る予定だったが、3月1日の巨人との壮行試合でも登板を志願し、叶えられた。2回3安打無失点で、メディアには最速が142キロにとどまったことを指摘されたが、僕にとってはあくまで最終確認の作業だった。その時にはすでに3月4日の1次ラウンド第2戦の台湾戦の登板が決まっていて、野球評論家の方たちから「中2日で無謀だ」という声も聞こえてきたけれど、気にもしなかった。

どんなことでもそうだと思うけれど、築き上げた成功体験と揺るぎない自信があれば、調整は難しいことではない。シーズン途中の夏に行われた五輪と違い、大会は3月だったが、時期的な早さに対する不安はなかった。

さらに言えば、まったく打たれずに本番を迎えるよりも、打たれてブレを調整していく作業の方がやりやすい。もし、完璧に抑え込んでいた場合、自分の欠陥を見つけにくくしてしまう。

だから本番前の2試合は完璧な出来でなくてよかったのだ。

世界との直球勝負

迎えた1次ラウンドの台湾戦。初戦の中国戦は上原さんが勝利をもたらし、チームに勢いをつけてくれていた。この2戦目に勝てば、アメリカでの2次ラウンドに進出できる。

初回、横浜の多村仁志（ひとし）さんの先制3ランでだいぶ気が楽になった。4回3安打1失点で68球（編集注：球数制限を迎えた時点での打席が終わるまで投げられる）。チームは14対3の勝利。韓国との対戦を前に2次ラウンドへの進出が決定した。

大会に入ったら結果がすべて。勝ちにつなげられれば、内容なんて関係ない。ただ、2回のピンチで投げた際に親指から球が滑り落ちてボークで失点したことは恥ずかしかった。

逆にこの試合、最後のアウトとなった4回2死一、三塁での代打の陳峰民（ちんほうみん）を空振り三振に斬った1球には、納得がいった。集中力が極限まで高まった状態での納得いく1球は、自分の上昇を感じ取れるものだった。

ただ、ボールとロジンの相性は払拭できていなかった。ただ、この点はもともとアメリカの気候で適応できるかが勝負だったから、アメリカで解消しようとしか考えていなかった。ボタンを1つひとつかけていく最後の作業。日本で状態が上がってきたことが分かるだけでよかった。

幸いなことに、懸念もすぐに払拭された。本場のロジンを使うと、日本で使っていたアメリカ製のロジンよりも粘り気があって、公式球にフィットした感覚を得られた。2次ラウンド開始前の壮行試合として、アリゾナで行われたレンジャーズ戦。4回を投げて2安打1失点だったが、腕も振れるようになり、直球も最速93マイル（約150キロ）を計測。あとは投げるたびに状態が上がっていくだろうと感じていた。

2次ラウンドの初戦のアメリカ戦。先発は上原さん。日本は3点を先制したが、最後はアレックス・ロドリゲスのサヨナラヒットで敗れた。この試合、3対3の同点の8回1死満塁で、岩村明憲さんの浅いレフトフライで三塁走者の西岡剛がタッチアップ。レフトからの返球が逸れて勝ち越し点が入った……はずだった。

アメリカの野手たちのアピールに対し、二塁塁審は「セーフ」をコール。ところが、アメリカのマルティネス監督の抗議で判定が覆った。球審は西岡の離塁が早いとしてアウトを宣告したのだ。

王貞治監督は「日本で長年野球をやってきて、こんなこと見たことがない。野球がスタートしたアメリカでそういうことがあってはいけないと思う。世界中の人が見ているのに」と話したが、僕だってこんな判定を見たことがなかった。アメリカの審判員が自国の試合をジャッジするという矛盾。日本としては許せなかった。

だが、僕はすべてをシャットダウンした。負けは負け。準決勝に進出する上位2カ国に入るには、僕が投げる2試合目のメキシコ戦は勝つしかない。自然と集中していた。

迎えた3月14日のメキシコ戦。メキシコには7人のメジャーリーガーが揃い、簡単ではない相手だったが、彼らの特徴はすべて頭に入っていた。メジャーの打者は直球に強いという先入観があるけれども、僕は自分にしかできない投球がある、絶対に抑えられると思っていた。定石なら変化球主体の投球なのだろうが、台湾戦の時よりも一段も二段も調子の上がった直球で攻めれば問題ないと信じていた。

まさにその自信が発揮されたのが、2回だった。失策も絡んで1死三塁のピンチを迎えたところで、捕手の里崎智也さんと選択したのは直球。オヘダは内角高めで空振り三振。バレンズエラにはすべて内角を狙いフライに打ち取った。

結果的に8球連続直球となったこの2打席は驚かれたが、自分のその時の状態、そして打者のスイングを見れば直球で問題ないと感じていた。だから里崎さんの「直球」サインには素直に納得できたし、サインがテンポよく出るということは、里崎さんも僕の直球に自信を持ってくれた証拠。自身を持って投げることができた。僕は5回1安打無失点。6対1の勝利に貢献できた。

この大会は50球以上投げたら中4日以上空けなければならないというルールだったので、次は、投げるとしても決勝戦。チームを信じて自分の調整をするだけだった。

僕たちはまだ終わっていなかった

勝てば準決勝が決まる2次ラウンド最後の3月15日の韓国戦。1次ラウンドでは2対3で敗れていた相手だけに、絶対に負けられなかったが、結果は1対2でまたも敗れた。1点の重みが増した8回に2失点して、9回に西岡の一発で1点を返せただけだった。

試合後、韓国の選手はマウンドに国旗を立てた。モラルの問題とかではなく、短期間で同じ相手に二度も負けたこと。そしてその光景に何も言い返すことができない自分。情けなくて悔しかった。韓国を恨むというより、むしろ韓国に国の威信をかけた戦いというか、命をかけた戦いというものを教えられた瞬間だった。

僕自身、チームは決して一枚岩ではないと感じていた。この敗戦は国を代表する気持ちの差が出たと感じていた。チームとしての戦力が均衡した時には、気持ちの差という部分がどうしても出てくる。この1点は、そう思わせるだけの差があった。

翌16日、2次ラウンド最後の一戦はメキシコ対アメリカ。WBCのラウンド進出条件はかなり複雑だったが、要するに日本が準決勝に進出するには、メキシコが2点以上を取ってアメリカに勝利する必要があった。

その日の日中に準決勝以降の舞台となるサンディエゴのペトコ・パークで練習を行ったが、記念撮影を行うなど、はっきり言えば、緊張の糸は切れていた。僕は約10分間のフリー打撃を行って、最後にはレフトへ特大のアーチを放った。これで日本に帰ることになるかもしれない。あの屈辱的な敗戦のモヤモヤした感じをここで吹き飛ばしておきたかった。

ところがその日の夜に吉報が舞い込んだ。メキシコが2対1でアメリカを撃破。こんなチャンスは二度とない。僕たちはまだ終わっていなかった。

九死に一生を得たと言っていい準決勝進出。全員のベクトルが同じ方向に向いたと思えたのは、この準決勝進出が決まった後だった。2000年シドニー五輪の時はプロアマ混成という難しさがあり、2004年のアテネ五輪はオールプロといえど12球団から2名ずつという制限付きの人選だった。そしてWBC。今度はNPBベストチームと言える編成で、しかもそこにはメジャーリーグで戦うイチローさんや大塚晶文（あきのり）さんがいる。

チームが同じ方向を向けた理由には、準決勝の相手があの韓国ということもあっただろう。上原さんが7回無失点の好投を見せ、打っては7回に代打・福留孝介さんの2ランなどで一挙5得点して流れを完全に引き寄せた。この試合も終盤まで一歩間違えればやられる試合だったが、味わった最大の屈辱を晴らしたいと、日本が心で勝っていた。投打に圧倒したいという思いをみんなが持って戦えた一戦で、見事リベンジを果たした。

試合後、すぐに王監督が、僕をキューバとの決勝戦の先発に指名してくれた。アテネ五輪で完投を逃した経験があったから、僕にとってキューバは特別。あれから2年。世界一を決める決勝戦でリベンジの機会が与えられたことは、本当に幸せだった。決勝の球数制限は95球だったが、95球で完封してやろうと思っていた。

迎えた3月20日の決勝。今でも振り返ると、なぜあんなことが起きたか分からない。試合前のブルペン投球。ラスト1球を残して、首をバキッとやった。国歌斉唱でブルペン投球を中断した、サンディエゴのナイトゲームで相当寒い夜だった……なんて言い訳はできるが、自分を管理できないのは自分のせいだ。

怒りすら覚えたが、しょうがない。キャッチボールをしたら何とか投げられたので、鹿取投手コーチには「首、やっちゃいました」とだけ伝えた。初回から渡辺俊介さんもブルペンに入ってくれたが、マウンドに上がったら首の痛みなんて、考えていられない。ますます集中するのみだと思った。と思いきや初回の4得点で気が抜けたのか、その裏、いきなり先頭打者のパレにスライダーをホームランにされた。

これで目が覚めた。パレとはアテネ五輪で対戦した時に4打数無安打に封じていて、僕自身も直球は打たれない確信があった。それなのになぜ初球にスライダーを投げてしまったのだろうかという反省はあるが、完全にストライクを取りにいったスライダーがホームランにされたことで、これではいけないなとすぐにスイッチが入ったのが結果的によかった。とにかく腕を振って抑えるしかない。シンプルに気持ちが入った。直球を投げまくった。

必死だった。ランナーを置いた時の投球は「頼むから低めにいってくれ」「コーナーに散ってくれ」と念を込めて投げていた。結果的に最速１５４キロの直球が決まったけれど、もう気持ちだけ。強気な直球勝負とか言われたけれど、それは首の状態からして単純に直球しか投げられなかったから。今思うと、日本の世界一がかかる一戦でよくマウンドに立ったなと思う。試合後にＭＶＰの表彰を受けたけれど、首はもう動かなかった。

結局、完封なんて夢のまた夢だったがチームは10対6で勝利した。

うれしかった。特にうれしかったのは日本の盛り上がり。僕は１９８０年代から１９９０年代、テレビを点（つ）ければ地上波でプロ野球がやっていた時代に少年時代を過ごしたので、野球人気が落ち込んでいくのをさみしく思っていた。野球人気に貢献したかった。２００４年のアテネ五輪の時、長嶋さんからの「野球の伝道師たれ」という期待に、少しは応えられたのではと思えた。ようやくチームに勝利を呼ぶ投球ができたと思えた。

3試合に登板して3勝0敗で、大会ＭＶＰとベストナインに選ばれたのもうれしいおまけだ。

この大会を振り返ると、石井弘寿（ひろとし）さんが左肩を痛めて戦線離脱、和田毅も肘をおかしくしている。やっぱりボールの影響だと思う。滑るボールを押さえつけようと無用な力が指先に入っていると、前腕部や肘にも影響は出る。僕にとっても、腕の張り方は日本のボールとはまったく違うものだった。手探りで学んだアメリカの野球を、次の大会やメジャーへの挑戦に生かさなければならないと感じた。

2006年、プレーオフ史上初の完封を挙げたソフトバンク戦、8回の場面

第10章

前夜
——2005年〜2006年

野手批判の真意

2004年12月2日。埼玉・所沢市の西武の球団事務所で行われた契約更改交渉の場で、ポスティングシステムでのメジャー挑戦の意向を初めて球団側に伝えた。これまで交渉はほとんどしたことはなく、一発サインをしてきたが、今回は自分の要望をしっかりと伝え、球団としての反応を聞くまで、サインをするつもりはなかった。

「来年メジャーに行かせてください」

星野好男球団社長、黒岩彰球団代表を前にしっかりと伝えると、星野社長から「万人が認める成績を残したら、意思を尊重する」との答えをいただいた。2005年オフのメジャー移籍を容認してもらえたのだ。5000万円増の2億5000万円で一発サインしたが、はっきり言って、年俸はどうでもよかった。

実はこれに先立って2004年2月の春季キャンプで、堤義明オーナーが「彼が行きたいというなら私は引き留めない」と言ってくれていた。さらに遡っては2002年には故障でリハビリをしていた時に、黒岩代表を通じ、堤オーナーの「いずれメジャーに行けるよう頑張りなさい」というメッセージも受け取っていた。

2004年は、五輪、結婚、日本一という激動の年で、2年連続の最優秀防御率というタイトルを獲ることができた。２００５年も、これに続く成績を残さなければ。勝負の年になると思って臨んだ。

しかも２００４年のオフには、横浜高の後輩にあたる涌井秀章がドラフト1位指名で西武に入ることになった。チームとして生まれ変わろうとしている時期。自分自身のステージを一段上げるだけでなく、チーム全体を今まで以上に見渡さなければいけない。

この頃から食事面の計算も自分で考えられるようになったし、さらに骨格や筋肉のつき方にも興味を持ち、積極的に体づくりに取り組むようにもなった。大きな筋肉だけでなく、小さい、細かな筋肉をつけるトレーニングも増やした。年齢的にすでに体の成長は収まっており、どうやって体を作り上げていくか、質を高めるかという段階に入っていた。キャンプも球数を投げるというよりも、しっかりと下半身の土台づくりからやって開幕を迎えた。

6年連続の開幕投手となった3月26日のオリックス戦では、8回1失点（自責0）で12奪三振。勝ち星こそつかなかったが、自分自身の感触は問題なかった。4月終了まで6試合に登板して、1勝4敗と黒星が先行したが、4試合に完投して防御率は2・25。この年から交流戦が始まり、5月11日、僕にとっての交流戦最初の登板となった中日戦で、9回6安打無失点の完封勝利を飾ることができた。

そして、5月18日の阪神戦。甲子園球場での一戦となった。公式戦では高校以来、7年ぶりの甲子園だった。結果は8回7安打3失点での完投負けとなったが、13奪三振。4回に金本知憲さんから奪ったこの試合6個目の三振が通算1000奪三振だった。アウェーでも応援されているような感じがしたし、投げやすかった。ただ、打席では3打数無安打でバント失敗もあったことが悔しかった。

ここまで、自分としては満足できる出来だったが、敗戦が続いた。投打のバランスがなかなかかみ合わず、チームは下位を低迷。失策も多かった。現に、僕が投げている時だけでも、失点よりも自責点が少ない試合が、開幕からの登板13試合で5試合もあった。チームは若手を起用する過渡期に入っていることは分かっている。だが、誰かがチームを引き締めなくてはいけなかった。

6月27日の日本ハム戦はこのシーズン15試合目の登板で10完投となったが、この試合も8回4失点で自責点は3だった。僕自身が9敗目となったから感情的になったのではない。帰り際のバスに乗り込む手前で意を決し、報道陣の前で止まった。

「誰も言わないから言います。今に始まったことじゃないですけど、球際に弱い選手が多いし、1つのプレーが軽すぎる。相手の守備を見て何も感じないということはない。自分も含めてワンプレーに気持ちを入れていかないと」

この試合でも、2回2死一塁から日本ハムの高橋信二さんの二塁打で中継プレーのミスが重なり、打者走者まで生還を許した。単純なファウルフライの落球もあった。ダルビッシュ有との先発での投げ合いが注目されたが、そもそもこんなお粗末なプレーを連発しては、注目してくれたファンにも失礼だと思った。西武の失策数はリーグワースト。「ウチのチームはまだ若い選手が多い。もっとがむしゃらにやってほしい」とも加えさせてもらった。

翌日の報道で、「松坂チーム批判」などの文字が新聞紙上などで躍ったこともあり、僕は野手ミーティングに参加し、真意を説明した。僕たちはファンの方々から給料をもらっている。プロである以上、それに見合うプレーを見せる必要がある。1つひとつのプレーに責任を持つこと。一生懸命やったで済まされるのは、アマチュアの世界だけだ。

野手ミーティングの後に、和田一浩さんから「お前が言わなかったら俺が言っていた」と言われたし、伊東監督からも、のちに「あの時はお前が言ってくれて助かった」と感謝された。

実は前年は日本一にはなったものの、若手が1軍に増えたせいか、ロッカーの雰囲気が緩くなっていたと感じていた。オンとオフがあるのはいい。でも、例を挙げるならのちにレッドソックスで感じたような、試合前30分前まで笑顔が絶えないクラブハウスが、試合開始直前になると、それぞれの立場で一気に集中力を増すといった空気感を、当時の若手に感じることはできなかった。

試合前に携帯電話でメールを打っている者もいれば、漫画を読んでいる選手もいた。彼らが試合に入ってガラリと変わるのであれば問題ないが、そうじゃない。たまたま僕が言うことになったが、チームとして、誰かが声を上げなければいけなかった。

2006年も西武に残ることに

6月まで35勝43敗で5位だったチームは、7月以降、32勝26敗と巻き返して3位に食い込んだ。チームの失策数は劇的に変わった。6月末まで78試合で56失策だったのが、7月以降は58試合で19失策と大きく改善された。目に見えて若手選手の取り組む姿勢も変わったし、投打のかみ合わせがよくなった。僕も6月まで5勝9敗だったのが、7月以降は9勝4敗で乗り切った。

10月8日、ロッテとのプレーオフ第1ステージ第1戦に臨んだ。千葉マリンの風を利用しながら、何とか7回5安打1失点に抑えたが、チームは1対2で敗れた。僕が失った1点は自分のバント処理ミスから犠牲フライを打たれたもの。初戦で勢いに乗せることができず、チームは2戦目も落として、敗退が決まった。西武の2005年はここで終わる。

ただ個人成績を見れば、14勝13敗で防御率は自己最高の2・30。何より、年間28試合を投げ、1度もローテーションを飛ばさなかったことを誇らしく思った。先発投手として215イニングを投げて自己最多の226奪三振。

体調管理もしっかりとできたのは、妻のおかげだった。この年の6月に第1子妊娠を発表したのだが、妻はどんな時も、僕の細かい食事面のオーダーに応えてくれた。僕の成績が悪ければ、批判は妻にも集まってしまう。本当に僕は最高のパートナーを得られたし、日々感謝の思いしかなかった。

この2005年、西武鉄道株のグループ企業による有価証券報告書の虚偽記載問題で、メジャー行きを後押ししてくれていた堤オーナーが失脚した。9月。西武グループ再編の陣頭指揮を執ることになった西武鉄道の後藤高志社長がメディアの取材に対し、「いずれにしてもあれだけの選手。もちろんチームに残ってほしい。ライオンズの顔として来年もやってもらいたいと思っている」と発言した。

この発言についてメディアから質問された際、僕は「シーズン前から言っていますが、その件（メジャー挑戦）についてはシーズン中に僕が色々話す問題ではありませんから」と答えたが、やはり、球団の方針を確認する必要があった。全日程が終了し、球団側に話し合いを申し入れた。

10月27日に球団事務所で黒岩代表と話し合った。前年から状況は一変したらしい。「来年はライオンズ改革元年。今年の成績は個人的には十分だと思うが、この状況でうんとは言えない」と言われた。

結局、ポスティングシステムでのメジャー挑戦は叶わず、12月15日の契約更改交渉ではメジャーの話を持ち出すことはできなかった。

結果的に2006年も日本に残ることになったことで、今度こそこの年を日本での総決算にしなければならないという思いを強くした。

オフにはWBC初代王者というオマケもついたが、メジャーに行ける確約なんてどこにもない。ただ、漫然と過ごすのではなく、総決算の意識を持つことで、シーズンで集中力を保つことが大事だった。数字的な部分で言えば「勝率」にこだわった。前年は勝率が思わしくなかったからだ。

いかに負け数を減らすか。それは僕にとって「変化」を意味することになる。

これまで僕は、試合の中で試すことが数多くあった。ほんの一例を話すと、「相手の好きなコースから少し曲げたらどうなるか」という配球。これは試合で試さないと分からない。それで痛い目に遭うことだってたくさんあったが、自分がレベルアップできれば、長い目でチームのためになると思ってきた。

負け数が多いのは、チームの勝敗を最後まで背負って完投した結果でもあるが、僕の探求心からくるミスもあったと思う。

安定した成績を残す選手は「いい形」を維持する。結果を残せる形を維持し、崩れるようなことをしない。そういう人から見れば、いつもトライ&エラーを繰り返している僕のような考えは受け入れられないかと思う。結果だけにこだわるのではなく、内容的にも世界一の投手になりたかったから、僕はトライ&エラーを繰り返してきた。それが負け数にもつながってしまっていた。

それでも、メジャー挑戦に向けて色々な引き出しを準備したい思いは抑えられず、「試す」ことは捨てがたかった。そんなことができるのか分からなかったが、ただ「試す」のではなく、「勝ちながら試す」に変えようと意識した。

不幸中の幸いというか、それまでトライ&エラーを繰り返してきたことで、自分の中では変えてはいけない部分、手を出したらバランスが崩れる部分というものは分かっていた。ホテルの窓で自分が映る姿を見て、シャドーピッチングをしたりしながら、ギリギリまで左肩を開かず、ボールの出所が見えない形を模索した。球種としてはシュートを完全に自分のものにしようと研究した。

チームと自分の好循環

２００６年初登板である３月30日のソフトバンク戦では、18歳の炭谷銀仁朗（ぎんじろう）とバッテリーを組んだ。８回で９安打をされながら２失点と粘ったが、チームに勝利を呼ぶことはできなかった。炭谷には勝利をつけてあげたかったから残念だった。

試合後に炭谷が「部屋に行っていいですか」と言ってきた。僕は「疲れているから今度で」と話したが、この姿勢に感服した。

この試合、炭谷のサインに一度も首を振らなかった。彼からしたら、違う選択肢、もっと言えばミスを指摘してもらいたかったのだと思う。18歳だから、ルーキーだからではなく、レギュラーとして、チームの柱となっていくためにできることを炭谷は考えられる。絶対に伸びる選手だと思った。登板2戦目となった4月7日の日本ハム戦では、決勝打を炭谷が打ってくれた。

4月14日のロッテ戦では9回1失点の完投勝利を挙げた。球数制限のあったWBCがあったからではないが、ずっと「投球のテンポと野手のリズムの相関性」を考えていた。どういう間合いで投げれば、野手の動きがよくなるのか。そのための最適な感覚はどこにあるのか。

捕手の細川さん、炭谷には、捕球後にすぐ返球してもらうようお願いした。1球あたり1秒に満たない間合いの短縮かもしれないが、それで野手にリズムが生まれれば、攻撃にも好影響を与える。この試合で何となくその感覚を得ることができた。

4月28日のオリックス戦で右肘に張りを感じて5回途中で降板したが、それでもローテーションを空けることなく投げられたのは前年から引き続いての成果だった。

プロ野球人生でも思い出に残っているのが、6月9日の甲子園での阪神戦だ。僕の最終打席となった4点リードの8回2死三塁。阪神の2番手・ダーウィンが投じたカウント2―2からの高めのボール球を思い切り振り抜いた。打球は左中間最深部のフェンスを越えた。第1打席にバント失敗、第2打席はバスターにサインが変わってセンターフライ。第3打席は空振り三振。最終打席はもう細かいサインは出なかった。そんな背景もあり、ストレートを振り抜いた。

プロ1号ホームラン。甲子園での一発は横浜高時代の1998年に鹿児島実業の杉内俊哉から打って以来、2854日ぶりだった。広い甲子園で打てるとは思わなかったが、ホームランは交流戦での目標でもあった。この初アーチは大切な思い出になっている。

6月16日の横浜戦では、完投して通算100勝目を手にした。191試合での100勝はドラフト制以降では〝昭和の怪物〟と称された江川卓さんを抜いて最少試合数だと聞かされた。記者会見までやったが、自分としては単なる通過点としてしか考えなかった。まだまだ成長できる、しなければならないという思いしかなかった。

6月24日のロッテ戦では、9球を投げたところでアクシデントが起きた。踏み出した左足がマウンドの土に引っ掛かり、同時に踏ん張った右股関節に痛みが走った。無理だと思ったが、次の投手の準備のためにと思い、何とかあと10球投げたが限界だった。出場選手登録抹消となったが、幸い軽傷で7月8日の日本ハム戦で延長10回を完投勝利。前半戦は10勝3敗、防御率1・95の成績を残せた。

この年、高卒2年目を迎えた涌井も順調に勝ち星を伸ばしていた。投打ともに若い選手が順調に伸びてきていた。この年は選手会長にもなり、チーム全体を見渡すことが多くなったが、若手全員の目がギラついているのを感じた。チームが強くなる時の1つの流れとして、若い選手が投打に伸びてきて、その同世代の目が変わるということがある。2人目、3人目が出てきてチーム力が上がる。その好循環にチームが入っていた。

意識してチームメートを食事に誘う回数も増えた。僕はチームメートと食事に行く時はほとんど野球の話をしなかったが、涌井と炭谷の時は違った。涌井は何度も質問してくるし、炭谷はそこにメモも加わる。

小野寺力(ちから)との食事も記憶に残る。8月9日のオリックス戦で、3点リードの9回に抑えの小野寺が4失点して僕の12勝目は消えた。だが、そんなことはささいなことである。絶対的な守護神だった豊田清さんが巨人に移籍し、森慎二さんがポスティングシステムでメジャー移籍。その救援陣の後を受け継ぎ、新・守護神として善戦していたのが小野寺だった。

一度のミスで、ここまで積み上げてきた自信、チームの信頼は失われるわけではない。僕は2人で食事に出かけ、「守護神1年目で最初から最後までうまくいくわけがない。綺麗に終わろうと思わない方がいい」と伝えた。

このように試合以外でのフォローは忘れなかったけれど、とはいえ全体としては若手が自発的に伸びていたので、僕も試合や練習で余計なことに気を配らずに済んだ。それはつまり、自分自身に集中できるということだった。

清原さんが相手なら腕がちぎれてもいい

夏場から西武はソフトバンク、日本ハムと壮絶な優勝争いを演じた。その優勝争いの中で、チームを勝たせること、そして個人的勝負、2つをどうしても両立させたかったのが、8月30日のオリックス戦だった。そう、清原さんとの対戦だ。

その後のローテーションを考えても、オリックスと当たる可能性は低かった。僕が野球を始めた時からのヒーローであり、プロ野球選手を目指すきっかけを与えてくれた清原さん。僕はこのオフにポスティングシステムでのメジャー移籍をしようと考えていたし、これが最後の対戦となるかもしれないと考えていた。

勝負は真っすぐ。全18球中、13球が直球の真っ向勝負で4打席連続三振を奪った。この試合、9回で14三振を奪ったものの、3失点。調子はよくはなかったが、清原さんが打席に入ると、自然と気持ちも乗った。「腕がちぎれてもいい」というくらいの気持ちで、腕を振った。プロでは、オープン戦なども含めた通算対戦成績は27打数7安打で2本塁打、9奪三振だった。

入団1年目にイチローさんと対戦する時に、当時の東尾監督から「イチローとだけ勝負してるんじゃない」と言われたし、イチローさんからも「俺の時だけなんであんなすごい球を投げるんだ」と言われたこともあったけれど、イチローさんだから勝負したいに決まっている。清原さんも同様だった。

小学生の頃から、清原さんと野茂英雄さんや伊良部秀輝さんとの力勝負を見て、あこがれてきた。分かりやすい「力勝負」は、見てくれるファンの方々も望んでいるのではないかと勝手に思っていた。

「今はメジャーでやれるという気持ち」

9月13日の日本ハム戦で9回5安打の完封勝利を挙げた。中5日で上がった19日のソフトバンク戦も9回2失点で完投勝利。8回にズレータの打球が右手首に直撃したが、最後まで投げ切った。疲れはないといったら嘘になる。だが、長い優勝争いの中で投げ続けられる喜びの方が大きかった。

2006年は、前々年、前年同様、プレーオフを勝ち抜いたチームをリーグ優勝にするというルールは変わらなかったが、新たに「レギュラーシーズン1位はプレーオフで1勝のアドバンテージを得る」ということになった。だから1位にこだわる戦いは最後まで白熱した。

ところが、9月26日のロッテ戦。前の登板で受けた右手首の打撲はまだ完治していなかった。ブルペンでの投球練習でもしっくりこない。大事な試合ではあったが、荒木大輔投手コーチには「もし駄目だったら代えてください」と伝えた。結果は5回6失点でKOされ、チームは2位に転落した。

僕自身はふがいない結果に思うところがあったが、和田一浩さんたちが「1つ負けたくらいで気にするな。今までずっと連敗を止めてきてくれたんだから」と声をかけてくれた。チームの士気は下がるどころか、逆にプレーオフを勝ち抜く決意で満ちあふれていた。

結局、西武はシーズン2位でプレーオフに進出。10月7日。シーズン3位のソフトバンクとのプレーオフ第1ステージ第1戦。結果的に、僕にとってこの試合がメジャーリーグに行く前の日本での最後の登板となった。妻と長女も初めて球場に来ていた。

ソフトバンクの先発は斉藤和巳さん。和巳さんとはこの数年、常にタイトルを争っていたし、最も意識する投手だった。２００６年もシーズン終盤までタイトルを争ったが、投手主要4部門はすべて奪われた。しっかりと集中して試合に入った。

ソフトバンク打線の気迫はすさまじかった。王貞治監督が7月に胃がんの手術を行い、療養中というのもあったと思う。和巳さんの1球に込める魂だけでなく、チーム一丸で向かってくる姿勢を初回から感じた。

僕は決して調子がよかったわけではないけれど、心は熱く、頭は冷静に。とにかく自分の状態を見極め、試合の中で立て直していった。

7回までは毎回走者を許した。特に7回は2死満塁のピンチを背負ったが、大村直之さんをゴロに打ち取った。その裏、和田一浩さんが貴重な先制点をあげてくれた。もうこの1点を守り抜くしかない。気力、集中力あらゆるものをかき集めてギアを上げた。8回はカブレラ、松中さん、ズレータを3者連続三振。9回も3者凡退に抑えることができた。

終わってみれば、投手にとってはこれ以上ない1対0での完封勝利。試合終了後、僕はしばらくベンチから動けなかった。僕の野球人生でもベストゲームと言っていい試合になった。

だが、チームは第2戦、第3戦に連敗してこの年の戦いは終わった。第3戦の試合後、ファンへの挨拶を終えたナインがベンチに引き揚げると、1人でグラウンドに出た。右翼席や一塁側のスタンドのファンに帽子を取った。これはメジャー行きを決めた惜別とも報じられたが、そうではない。ファンの後押し、大歓声をシーズン中の優勝争いから感じたし、それが第1戦の投球にもつながった。その感謝の思いからだった。

2006年は25試合に登板して、17勝5敗で防御率2・13。奪三振200に対して四死球37個と安定した成績を残すことはできた。WBCで使用したメジャー球と日本の公式球の違いから、再び日本のボールを握ったシーズン序盤での修正には手間取ったが、試合で投げながら、徐々に修正していくことはできたのではないかと思っている。まさに「勝ちながら試す」ができたシーズンだった。

これで、文句なしにメジャーに挑戦できる。

すべての戦いが終わった時点で、西武の太田秀和オーナー代行兼球団社長と都内のホテルで話し合いをし、ポスティングシステムでのメジャー移籍を容認してもらえるとの球団方針を伝えてもらえた。

しかし、前年のように、チームの状況、球団の状況の変化で1人の選手への方針など変わってしまう可能性がないとは言えない。気が気ではなかった。ようやく目標に向かって第1歩を踏み出せたのは、日本シリーズ終了後の11月1日。東京・港区の高輪プリンスホテルで記者会見を開き、公にメジャー移籍を容認してもらえた時だった。

会見では「ようやく心の中がスッキリした。昔はあこがれだけだったが、今はメジャーでやれるという気持ち」と話した。初めて球団にメジャー移籍の希望を伝えてから2シーズン、しっかりと準備はしてきていた。だが、はやる気持ちを抑えるというか、ただ入札してもらえることを許可されただけ。興味を持ってくれている球団がいくつかあるのは知っているが、どういった評価になるのか、どんな交渉が待ち受けているのか。

この時点では想像もつかなかった。

レッドソックス入団会見

第11章

挑戦
——メジャー移籍

運命の瞬間

２００６年オフ、僕が移籍することになったのはレッドソックスだった。

今でも契約時の数時間を覚えている。自分なりに色々なことを同時に考えた。野球を始めた直後に思い描いた目標を叶える大事な交渉であったこと、先輩メジャーリーガーが築いてきた実績があるからこそ、自身への正当な評価を形にすべきであったこと。経験のない交渉事で、その交渉を自分の力で成し遂げることのできないもどかしさ……。

西武とＭＬＢが、レッドソックスが独占交渉権を獲得したと発表したのは２００６年11月15日。レッドソックスの落札額は５１１１万１１１１ドル11セント（当時約60億円）。入札が11月8日に締め切られてから、１週間待たされた。この期間は相当きつかった。日米のメディアでどこが入札したかの報道合戦が行われたが、僕自身、もう何も信じられる状況にはない。報道を見るのはやめた。

15日の何時だったたか。西武の太田球団社長から電話が鳴った。

「おめでとう。レッドソックスだよ」

僕は落ち着かない気持ちで家で電話を待つよりも、ジムで体を動かすことを選んでいた。電話を受けて、これまでの緊張は一気に緩んだといってもいいかもしれない。そのまま美容室に行き、夕方にはロサンゼルスへと向かった。

終わらない交渉、まとまらない契約

レッドソックスは、僕の希望の中でも最上位に位置する球団だった。高校くらいまではヤンキースが好きで、レッドソックスはそのライバルでもある伝統ある球団だ。ロジャー・クレメンスやペドロ・マルティネスといった大投手が活躍したチームでもある。さらに、本拠地のボストンは学術都市としても知られていて、子どもの教育を考えても、生活環境として十二分に魅力的だった。

だから、交渉球団に決まった瞬間はもっと喜べると思ったが、実際に決まってみると喜びという感情はなかった。落札してくれたのがレッドソックスという安心感はあったけれども、ここからが交渉の本番だ。自分の感情を殺す戦いになるとの覚悟の方が大きかった。

アメリカ到着後、最初の数日はオレゴンのナイキ本社でシューズに関する打ち合わせを行い、代理人スコット・ボラス氏の事務所のあるロサンゼルスへ戻った。そしてすぐに、レッドソックスの会長であるトム・ワーナー氏の自宅に招待された。同席者にはオーナーのジョン・ヘンリー氏、ルキーノＣＥＯ、エプスタインＧＭ、テリー・フランコナ監督。球団のトップ５が揃っていた。

僕は、向こうが日本式に合わせてくれたお辞儀に握手で返したり、オーナーの「ボストンに来ませんか?」という話にも「契約が決まったら行きます」とだけ答えるなど、基本的には自然体でありながらもあえて強硬に接した。日本人のメンタリティーで交渉するわけにはいかない。プレゼントとしてもらった「18」の数字が入ったレッドソックスのユニフォームやジャンパーも、心からうれしかったが、表情をなるべく殺して言葉だけで礼を言ったつもりだ。

ボラス氏の事務所のゲストルームに戻ってすぐにユニフォームを着てみたほど、実は浮かれていたのだけれど。

ひとまず11月21日に帰国し、迎えた11月23日。西武ドームでのファン感謝デーでの出来事は、僕の心の弱さが出てしまった。3万6000人の観衆の前で、僕はマイクの前に立った。

「お別れの挨拶をするつもりはなかったんですけど……。8年間という短い期間でしたが、入団時から僕に熱い応援をしていただいたことは一番のパワーになりました。本当にありがとうございました。日本代表として、西武の代表として、アメリカで頑張ってきます」

本来は選手会長としての挨拶だけで、個人的なことを言うつもりはなかった。自分の口からメジャーに行くことを前提に話をすることはご法度であることは、何度も言い聞かせたつもりだったが、西武ライオンズの仲間や、何よりファンの方々を前に、報告したいという思いが勝ってしまった。

ただ、「交渉がうまくいかなければ、また西武ライオンズでプレーする可能性がある」ということも、絶対に伝えるべきだった。あの時は、土壇場まで交渉がまとまらない状況になるとは思っていなかった。

ルールは常に改定されるので一般論を語るのは難しいが、当時のポスティングシステムは現状のものとはまったく違っていた。今は、交渉を希望する全球団と交渉可能で、日本球団に入る譲渡金（移籍金）は、移籍先球団と選手間の契約総額に対しての割合で算出される（つまり契約→譲渡金決定の順）。しかし、当時は「交渉は最高入札球団の1球団のみ」で、「選手と移籍先球団の契約交渉は譲渡金決定後」というルールだった。この違いは選手にとって大きい。

当時の仕組みだと、第一に、メジャー球団側からすれば、提示額を無理に釣り上げてまで競合に勝とうとする必要はない。交渉できるのは、そもそも1球団のみなのだから。選手側からすれば、「契約金はここまでしか出せない」と球団に言われたら、そこで終わり。入団をあきらめるか、提示額を受け入れるかの2択になる。

さらに事前に払う「譲渡金」が大きければ大きいほど、選手個人との契約金は抑えられる可能性がある。その選手獲得の総体の予算はある程度決まっているので、「譲渡金に60億円出しているんだから、契約金は○○億円しかあまっていない」と言われれば、やはり交渉は厳しくなる。

実際、交渉の難しさは、僕の想像をはるかに超えていた。

11月下旬に最初にレッドソックスから届いたオファーは、6年総額3600万ドル（当時約42億円）だった。十分すぎるという声もあるだろう。僕自身もあまり年俸交渉に頓着しないほうなのだから、西武時代のように一発サインすればよいという考え方もあった。

だが、この交渉には大きな意味があった。この交渉の後には、メジャーでFAとなった主力投手たちの交渉が控えていた。僕の契約金は、ボラス氏が抱える全クライアントへの提示金額のみならず、FA市場の適正価格にも影響を及ぼす可能性がある。さらに僕の評価は、日本のプロ野球に対する評価の基準にもなる。今後、メジャーに挑戦する日本選手たちのためにも、ここは粘った方がいいというのがボラス氏の見方だったし、よく理解できた。

さらに語弊を恐れずに言えば、「お金」は必要だったのも事実だ。なぜなら、将来の目標に「社会貢献活動」があったからだ。いずれ「子どもたちに野球ができる環境を準備したい」と考えた時に、どれだけのお金がいるのか。決して、今、贅沢をするための交渉ではないのだ。アメリカでの生活や、子どもの将来への不安もある。お金がもらえるに越したことはない。

交渉は30日間という期限での戦い。なかなか進まない交渉に、日米メディアから少なからず「守銭奴」「ごねている」などの声が上がっていることは分かっていた。だが、僕には今言った背景もあり、1回目のオファーに「ノー」の返事を出す時も平然としていた。

アメリカに再び向かったのは、12月9日。アメリカ東部時間15日午前0時の交渉期限が迫るさなか、最終交渉は12日正午から始まった。残り2日で運命が決まる。僕自身、初体験のことで、怖さすら感じるようになっていた。試合であれば、自分の結果は自分の力で切りひらくことは可能だが、交渉はそうもいかない。自分では何もできないという焦燥感が、こんなにつらいことだと初めて知った。

提示額は11月に1回目の提示を受けてから、この時点で6年総額5200万ドル（当時約60億円）にまで上がっていたが、年平均867万ドルは、ボラス氏が定めた最低ラインの1000万ドルに届いてなかった。

交渉は、球団とボラス氏によって行われ、僕は別室で待機。時折、僕の部屋まで戻ってきたボラス氏と打ち合わせた上で、また球団とボラス氏による交渉。こうした流れが繰り返され、もう正確には思い出せないが、のべ4回目の交渉だったか。日付の変わった13日深夜、自分の目で交渉の様子を確認したいと思い、同席させてもらった。

レッドソックス側はこれ以上は出せないということだったが、僕が訴えたのは付帯条件。「野球環境の整備」「家族が安心して暮らせる保証」だった。金銭面はボラス氏と球団が何度も話してきている。それよりも、僕はどれだけ家族と環境を大切にしているかということを知ってほしかった。

その後、13日の午前5時すぎ頃。もうこの時点で12日正午から17時間以上経過したが、交渉はいまだ終わらず、6回目。僕はボラス氏に年俸の上乗せはもう望まないので、付帯条件は認めてもらいたい旨を伝えて、部屋で待った。するとしばらくして「付帯条件は認める」との回答があった。

だが、ボラス氏が大切にしていた条件として「トレード拒否条項」「FA権の獲得期限短縮」が残っていた。トレード拒否条項、すなわち選手の同意なしにトレードに出されない条項は、異国の地で腰を落ち着けて戦うには大切な要素である。ただ当時、レッドソックスの選手でトレード拒否条項がついていたのは、メジャー最高の捕手とうたわれたジェイソン・バリテックくらいだと聞いていた。

だから僕は難しいのではと思っていたが、結局、「トレード拒否条項」は認められた。「FA権の獲得期限短縮」はどうしても無理とのことで、最後は僕の判断にゆだねられた。もちろんOK。僕は、オーナーのプライベートジェット機に乗り込み、交渉の地ロサンゼルスから本拠地ボストンへ向かった。交渉期限の15日までに入団会見をしなければならない。

本当に最後の数時間まで気の休まらない神経戦だった。日本に帰る可能性も真剣に考えさせられた。やっぱり、メジャー、アメリカは自分の想像を超えていた。驚いたのは、あれだけすごい剣幕で話し合っていた球団側とボラス氏が、交渉成立後は和やかなムードで話をしていること。プロの仕事、アメリカ型社会を感じさせられた光景だった。

今ではたくさんの日本選手がメジャーでプレーしている。メジャーで日本人対決といえば、昔はお祭り騒ぎとなったが、今では月に一度や二度は当たり前になった。大谷選手の二刀流としての規格外の活躍もあるし、ダルビッシュ投手は36歳を超えてもなお、エースとして輝きを放っている。

日本のトップ選手がメジャーの移籍初年度で大型契約を結ぶのも普通になった。日本とアメリカの野球のマーケット規模を考えても、日本での年俸の5倍、10倍をもらうことが当たり前となった。直近では、たとえばまさにレッドソックスへ吉田正尚選手が移籍したが、5年9000万ドル（約120億円）の大型契約だった。

かつて、日本プロ野球界のエースだった野茂英雄さんがドジャースと契約したのは、マイナー契約である。年俸は当時のレートで1000万円ほどだったと聞く。それから30年も経過していないが、時代は大きく変わった。

自分の行った交渉が後輩たちのメジャー球団との交渉にどういった影響を与えたのかは分からないが、当時の自分にできることはやった。

あこがれではあるが「夢」ではない

ボストンに到着した13日夜は、泥のように眠った。12月14日の入団会見は午後5時からで、その前に本拠球場であるフェンウェイ・パークを見てまわることになった。伝説の投手であるサイ・ヤングを生み、ベーブ・ルースもプレーした球場。そのマウンドに来年立てると考えるだけで、胸が高鳴った。

スタジアムの応接室には、フランコナ監督をはじめ首脳陣が揃っていた。首脳陣からチームの歴史を聞くだけで、本当に自分もこの一員になれるのだと実感した。「バンビーノの呪い」の説明も受けた。

「バンビーノの呪い」とは、1918年までワールドシリーズを5連覇していたレッドソックスが、1920年に主力のベーブ・ルースを金銭トレードでライバルのヤンキースへ放出。それ以降86年間にわたり、世界一から遠ざかり、ルースの愛称から「バンビーノの呪い」と呼ばれるようになったというもの。その呪いを打ち破ったのが2004年。「知ってるかい？」と聞かれた僕は「もちろんです」と答えた。

フランコナ監督からはその時点でいた戦力と構想も聞かせてもらえた。僕については「先発で考えている」ということだった。

僕が本当に驚いたのは、カート・シリングからのメッセージだった。シリングは僕が真っ先に会いたいと思った選手。そのシリングから「どんなことでもサポートするから、何でも聞いてくれ」というメッセージを受け取った。

ジェイソン・バリテックとは直接電話で話をした。電話口のバリテックは「僕はシャイだから、なかなか声をかけられないとは思うけど、ダイスケの方から話しかけてほしい。聞かれたことに関しては何でも答えるし、サポートもする」と話してくれた。新しい環境に入れば、溶け込むために必要なことがある。だが、この2人からの言葉は僕を勇気づけてくれた。

会見の日のことではないが、帰国する直前にはシリングからクリスマスパーティーの誘いも来た。行けなかったけれど、心遣いがうれしかった。

球場施設を案内してくれたのは、エプスタインGMだ。

ロッカールームには、すでにネームプレートが貼られており、「18番」のユニフォームもかけられていた。広いトレーニングルームも印象的だった。名物の左翼フェンス「グリーンモンスター」の裏側の壁には、これまで在籍した名選手のサインが書かれていたが、そこに僕は、漢字で「松坂大輔」と記した。

会見前の最後はマウンドだった。ボラス氏から「マウンドに立ってみるか?」と言われた時は、心が躍った。伝説の投手たちが上がった場所である。捕手役を買って出てくれたオーナーへの1球は暴投となったが、本当に濃密な時間が一気に流れた。

会見には、日米の記者400人が集まっていた。米国人記者からは「メジャーリーグ入りの夢が叶った気持ち」を問われた。この質問にはこう答えた。

「僕はもともと夢という言葉は好きではありません。見ることはできても叶わないのが夢。僕はずっとメジャーで投げることができると信じ、それを目標としてやってきました。信じてやってきたからこそ、今ここにいられるのだと思います」

その他たくさんの質問をいただき、疲れている中ではあったが、しっかりと自分の素直な考えを伝えることに集中し、おおむね満足できる回答ができた。

その後、12月18日には日本に帰国。落札額と合わせて1億ドル以上の契約となったことに対して、帰国会見では「小学校の卒業式の時に〝100億円プレーヤーになる〟と言ったことを思い出した」と語った。そう、ようやく僕が少年時代からあこがれてきた世界に飛び込むことができたのだった。

打たれても勉強、抑えて学ぶ

年が変わって2007年、2月18日から始まったフロリダ州フォートマイヤーズでの春季キャンプ。日米合わせて250人の報道陣が来たと周囲から聞かされたが、僕自身は、西武ライオンズでのプロ1年目のフィーバーの経験があるから、全然問題はなかった。西武1年目の時の方が先輩にどうやって自分を認めてもらえるかということを考えて神経質になっていたし、その時と比べたら、どうやって対処すべきかは分かっていた。

もちろん、報道陣をかわすのはともかく、チームメートと馴染むのは簡単ではない。入団発表時にシリングやバリテックが「何でも聞いてくれ」と話してくれたが、実際にチームの一員として認めてもらうには、それなりの時間が必要だと思っていた。

それがキャンプ初日、ロッカールームに入ると、シリングが日本語で「ハジメマシテ、シリングデス」、メジャー最高の捕手と言われていたバリテックも「ボクハ、バリテックデス」と声をかけてくれた。チームに解け込みやすくしてくれたのだろう。ありがたかった。

気さくなバリテックだったが、さすが最高の捕手だけあって、野球については鋭かった。初日の顔見せとして投げたブルペンで、頭が動く癖を指摘されたのだ。微妙な部分まで見えている捕手だと感じることができ、僕はうれしく思った。

練習で気づかされることも多かった。例えば投手のノックでは、ノックがそれると、いきなりシリングやウェイクフィールドが、ノッカーを務めていたテリー・フランコナ監督を目掛けてボールをぶつけた。もちろん緩いボールだけど、日本じゃあり得ない光景だった。監督と選手の距離の近さは新鮮だった。

しかもそんな選手たちが試合では別人になる。オンとオフの切り替えという部分も参考になった。キャンプ2日目には、抑えのパペルボンにいきなり股間を触られた。

でも、これは冗談ではなく、メジャーの選手は金カップをつけるのが当たり前。僕が備えをしてなかったことをユーモアをもって指摘してくれたのだ。遠投調整やブルペンでの球数もある程度、融通を利かせてくれた。僕のやり方をリスペクトしてくれたと今では分かる。ただ、「入団1年目はあくまでお客さん扱いだ」ということも分かっていた。

生活面ではコンドミニアムをキャンプ地の近くに借りて、生活する。大変なのは、電気、水道、通信環境など、すべて自分で整備しなければならないということだ。日本のように一括して整備を請け負ってくれるところはない。同じ水回りにしても、例えばキッチンの水回りの整備をしてくれた人に、他の水回りを頼もうとしても、「私が請け負ったのはキッチンの水回りで、それはまた別で発注してほしい」と言われる。

生活してみなければ分からない、文化の違い。これに慣れるのは大変だった。

逆に野球については、メジャーに場所が変わっても自分のやるべきことをやるのは変わらない。周囲は色々と騒いだし、現地メディアの取材にも多く応じたが、必要以上に重圧を感じたことはなかった。

オープン戦でも結果にこだわらず、情報を収集することに集中した。球場の雰囲気、審判の傾向、打者の反応のしぐさ。もちろんバリテックとの間合いもそう。実戦に入るか入らないかの時に彼に誘われて夕食をともにした。バリテックは、僕が日本でどんな考えを持ってマウンドに立っていたのか。しつこいほど聞いてきた。僕も質問をたくさんして、お互いの野球観をぶつけ合った。

バリテックは、僕が試したいことにも応じてくれた。実戦2試合目となった3月6日のマーリンズとのオープン戦では、フルカウントからバリテックの直球のサインに三度首を振った。僕は変化球を試したかったから。

三度目の登板となった11日のオリオールズ戦は高低を試した。オリオールズはレッドソックスと同じア・リーグ東地区で年間18試合対戦することも頭にあった。初回、2回を低めに集めた上で、3回、4回はあえて高めに投げてどれくらい反応するかを見たかった。3、4回で4失点したが、打者は高めを積極的に振ってきていたし、どの辺りまで振ってくるかのストライクゾーンの確認もできた。

結果は関係ないといったオープン戦の中でも、うれしい瞬間もあった。実戦6度目の登板となった3月26日のレッズ戦。5回無安打無失点で5四球を出し、投球内容には納得できなかったが、ケン・グリフィー・ジュニアとの対戦は心が躍った。中学の頃から、彼のマリナーズ時代の活躍を映像で見てきた。画面の向こうにいた人と対戦できることに胸が高鳴る。

ケン・グリフィー・ジュニアは2006年のWBCにも出場していたが、僕はアメリカ戦では登板しなかったので、これが初対戦。2打席とも内角直球で内野フライに抑えられた。冷静に受け止めておきたかったオープン戦の結果で、うれしいと「思わず」感じてしまったのは、この時だけだったと思う。

オープン戦を振り返ると、ノーゲームとなった1試合も含めて6試合に投げ、21回2/3を8失点。投じた球数は449球だった。情報収集が目的だったのでもっと打たれてもいいと思っていたが、まずまずの成績。自分としては、「打たれても勉強、抑えて学ぶ」。打たれた時だけでなく、抑えられた時も成功に甘んじず内容を反省した。メジャーは日本の時とはまた配球も変わってくるだろうから、脳に汗をかく作業はずっと続けていくつもりだった。

そして開幕3試合目、4月5日のロイヤルズ戦。

僕は初めて、メジャーで公式戦のマウンドに立った。

ワールドシリーズ優勝トロフィーを父、母、弟と持って記念撮影

第12章

頂点

——2007年

メジャーの興奮と洗礼

メジャーデビューとなったカンザスシティのカウフマンスタジアムでのロイヤルズ戦は、僕の野球人生でも最も難しいゲームの1つだったと言っても大げさではないと思う。デーゲームでありながら、気温は2℃ほど。日本でも東北の試合で、5℃以下という経験はしていたが、比較にならない。寒さで筋肉が硬直して制球に微妙な狂いが生じる。体に神経をとがらせて、同時に色々なことを考えて試合を進めていく。そんなことが求められた試合だった。

試合前にシリングから「今日の審判は日本人には厳しいから気をつけろ」と言われた通り、きわどいコースはストライクを取ってくれなかった。でもそれは、大きな問題ではなかった。打者26人中、17人に初球からストライクを取れたように、常に攻めていけた。実はこの試合、捕手のバリテックに要求され、自分が持つ7種類の球種をすべて使った。さらに球速、縦や横の変化といったバリエーションもある。そのすべてを使った試合だった。

すべての球種を1試合で投じたことは、日本時代には1回あるかないかだった。理由はいくつかある。交流戦をのぞけば何度も対戦する日本では、すべての球種を見せるといざという時に「初見」と言える球を出せない。自分自身で球種を絞ることによって、どうやって抑えるかを考えるようにしてきたこともある。必要な時まで、不必要な引き出しは開けない。そんな投球を日本時代からしてきていた。

初回1死一、二塁のピンチを背負ったが、4番ブラウンをピッチャーゴロ併殺に仕留めた。5回には3本の安打を打たれたが、後続を抑えた。寒い球場での試合。5回の安打は3人の外野手に体を動かしてもらう機会になったと前向きにとらえた。

投手はアウトを取ることだけが仕事ではない。チームの勝利に向け、試合をマネジメントすること。日本時代からの積み重ねを活かして投げられた試合であった。6回にソロホームランを打たれたことは余計だったが、7回6安打1失点10奪三振で、勝利に導けたという点で、何とかいいスタートは切れた。

余談にはなるが、実は開幕から肘を下げるというチャレンジもしていた。クローザーを務めていたパペルボンとのキャッチボールで、リリースポイントの低い位置から球が非常に伸びていたことにヒントを得たものだった。長身の投手が数多くいる大リーグで、1メートル82センチの僕が低い位置から伸びる球が投げられたら……と考えたものだった。

しかし肘を下げただけでできることではない。メジャー1年目で多くの調整をしたが、あれだけは間違っていたかなと今では思う。結局、このチャレンジは4月で断念した。

2戦目は4月11日。本拠地フェンウェイ・パークでの初登板だった。ファンの熱気が波動になってマウンドに押し寄せてくる初めての感覚。感動した。ファンの熱がこれほどまでとは思っていなかった。マウンドに立てば集中できると思っていたが、それは難しい状況だった。しかも相手はマリナーズ。いきなりイチローさんと対戦するという幸運に恵まれた。2000年以来、7年ぶりの対戦だった。プロ23年間で「悔いの残る1球」を挙げるとするなら、この試合の初球を挙げる。カーブでストライクを取ったが、なんでカーブを投げたんだろう。いまだに分からない。

事前に「初球はストレート」とバリテックに伝えていたのだが、対決直前にバリテックから「どうする？　本当にストレートでいいのか？」と再度問われた。そのまま、サインがカーブだったため、投げてしまった。カーブを投げた後のイチローさんは、バッターボックスから1歩下がって目を細め、にらんでいるような表情だった。あの表情は僕の頭にこびりついて離れない。

対決はフルカウントからピッチャーゴロ。その後もセンターフライ、空振り三振、セカンドゴロと、イチローさんを4打席ともに無安打に抑えたが、7回3失点で試合に敗れ、初黒星を喫した。

4試合目の登板となった4月22日には本拠地でヤンキースと初めて対戦した。実際にマウンドに立たないと分からなかったが、レッドソックスの一員として臨むヤンキース戦というものが、これほどまでに高揚するものなのか。ロッカールームの雰囲気も違った。オルティスを中心とした中南米系の選手が流すロックやヒップホップのＢＧＭがいつも以上に大音量になっていた。

結果は8回途中まで投げ6失点だったが、3回にメジャータイ記録となる4者連続本塁打で援護もしてもらえて2勝目。１００年にも及ぶ伝統の一戦に選手として身を置くことができた幸せを感じた。

続く27日もヤンキース戦で、今度はヤンキースタジアムでの一戦だった。6回を5安打4失点で3勝目を挙げた。敵地での洗礼か、球場に入ろうとすると、警備員に止められＩＤを要求された。エレベーター前でも再度止められた。僕は日本時代から満員の敵地で投げる経験が多く、ブーイングを投球で黙らせるという快感を覚えてきた。しかし、ヤンキースタジアムでのブーイングは経験してきたよりも大きかった。

1年目の4月を振り返ると、3勝2敗で防御率4・36。メジャーのマウンドは日本より高く、土が硬い。日本時代の投球フォームで投げると、左足がひっかかる感じになってブレーキがかかる。股関節を痛めそうな感覚もあったし、実際に下半身の張りは日本時代よりも強かった。投球フォームを微調整し、左足のストライド（ステップ幅）も6歩半から少し狭めるなど試行錯誤は続いた。ただ、調整は想定内だったし、焦ることもなかった。

3人のレジェンドたちとの対戦

5月に入り、日本でやってきた調整法に戻すことにした。メジャーでは練習での投球数やブルペンでの球数も制限され、シーズン中のトレーニングはウエイトトレーニングがメインになっていた。その調整が合っている合っていないという短絡的な判断ではなく、物足りなさも感じていたので、日本でやっていた調整法をやらせてもらうことにしたのだ。

具体的にはランニングの時間とブルペンでの球数を増やした。特に、滑るメジャー球に感覚を合わせるためには、数をこなす必要があった。

その甲斐あってか、5月14日のタイガース戦では初完投勝利を挙げた。8回までに109球を投げていたが、交代のアクションは首脳陣になかった。最終回のマウンドに向かう時にスタンディングオベーションが起き、「レッツゴー、ダイスケ」のコールももらった。

僕にとって先発完投は当たり前のことではあったが、メジャーでは100球がメドだった。それまで本拠地では3試合で防御率7・58といいところを見せられていなかったので、勝ててよかったし、無四球は自分なりに評価できる。19日のブレーブス戦では8回3失点に抑えて6勝目。なぜかこの週に週間MVPに選んでもらえたことには驚いた。まだ自分の感覚では、ベストといえる投球ではなかった。

6月10日のダイヤモンドバックス戦ではランディ・ジョンソン、22日のパドレス戦ではグレッグ・マダックスと投げ合う機会にも恵まれた。ア・リーグのレッドソックスがナ・リーグのチームと対戦することは、ただでさえ年間数えるほどしかない。長年メジャーで活躍し、のちに野球殿堂入りした2人と投げ合う機会に恵まれたことは本当に大きかった。

ランディとは1999年にテレビの対談で話したことはあったが、メジャーで打席に2度立てたことは財産になった。1打席目に見たスライダーは視界から消えた。さらに、その日ランディの最速となった95マイル（約153キロ）の直球で空振り三振。2打席目も3球三振に倒れた。メジャーに来て初めて打席に立った相手がランディだったが、日本では見たことのないような種類のキレがあった。

投げ合いでは、6回4安打2失点も結果的には敗戦投手となった。もちろん悔しいが、乾燥したアリゾナで見せた直球の質は、僕にとって及第点に近いものだった。

次に22日のパドレス戦を振り返る前に、16日のジャイアンツ戦を見ておこう。この試合では、あのバリー・ボンズとの対戦があった。

この試合、7回3安打無失点で8勝目を挙げた。メジャー14戦目で初めて無失点に抑えられた試合となったが、肝心のボンズとの対戦は、初回2死二塁でいきなり敬遠の指示だった。2003年8月27日のダイエー戦で城島さんに与えて以来の敬遠だった。

敬遠は重要な作戦の1つということは認識しているが、僕は正直、一番嫌いな作戦だった。ミーティングでも状況によっては敬遠があることを確認してはいたが、いざ指示されると正直イライラした。ベンチに戻るとバリテックから「勝負できるチャンスは来る。その時にしっかり投げろ」と言われた。

ボンズとの続く対戦は、4回の第2打席。初球に内角高め直球をファウルさせ、2球目にはこの日最速94マイル（約151キロ）の直球でセンターフライ。6回の第3打席でもショートゴロに抑えられた。ただ、ボンズが打席から発するオーラは、他の打者とは違うと感じた。

この試合の調整日となった12日。恩師の東尾さんがフェンウェイ・パークでのブルペン投球を間近で見てくれていた。技術的なアドバイスもあったが、それよりも「マウンドで威圧感、打者に向かっていく姿勢が足りない」と言ってもらえたことが大きい。最大のピンチとなった6回2死満塁。オーリリアにカウント2―2から投じた外角直球はボールと判定されたが、僕がアメリカに来て、初めて投げられた手ごたえある1球だった。

そして22日のパドレス戦、マダックスとの投げ合い。「理想の投手像」を聞かれると、事あるごとに「（奪三振王の）ノーラン・ライアンと（精密機械と言われた）マダックスを足して2で割ったような投手」と答えてきたあこがれだけに、本当に投げ合えるとは思っていなかった。登板2日前にパドレスのローテーションが変わるめぐり合わせもあった。

肝心の投球はというと6回5安打1失点で9勝目を挙げた。初回いきなり3連続で四球を与えて1点を失うなどして、球数は4回終了時で81球にもなった。それでも、つかみ始めた直球の感覚はよく、5回に先頭打者ジャイルズへの6球目に自己最速タイの97マイル（約156キロ）を記録した。さらに100球を過ぎた6回は直球12球すべてが150キロ超えだった。

疲れはなかった。しっかりとした形で投げられれば、疲れはやってこない。6回の投球を終えてフランコナ監督から「次の打席で代打を出すから」と言われて、後で監督に「春のキャンプで打撃練習をして、代打を出されない投手になる」と言い返した。監督は笑っていたけれど、僕は半分本気だった。

この9勝目で、日本人投手メジャー通算400勝となったと会見で聞いた。先輩方がメジャーの舞台で「日本野球の力」を証明してきたからこそ。野茂英雄さんは、最初はマイナー契約だった。いきなりメジャー契約で、しかも移籍1年目からローテーションで投げさせてもらえたことは、決して自分の力だけではない。この数字を1つでも多く積み重ねていくことで、将来の日本人メジャーリーガーにつながると感じていた。

マダックスとは、翌日にテレビで対談した。彼の「いつも野球を楽しんでいる」との言葉は印象的で、サイン入りのボールをもらった。今でも大切な宝物となっている。

地区優勝への道のり

オールスター前は10勝6敗、防御率3・84という成績に終わった。もちろん納得はしていない。滑るボール、マウンド、ストライクゾーン、審判の癖、初めて対戦する打者、長距離の移動、時差……。日本との違いはたくさんあった。

特にボールの違いは大きい。日本の公式球と革の質が違うのはもちろん、縫い目の高さも微妙に違う。さらに、同じ試合でも、ボールによって大きさ、芯の位置、縫い目の高さが異なると感じることも多々あった。縫い目の高さが違えば、指先で同じ切り方をしても、空気抵抗が変わるから、変化球の軌道も違ってくる。

ボールとの接点である指先に違和感があっては、いくら投球フォームを変えようが、歩幅を工夫しようが、感覚のズレは残ってしまう。指先が繊細であればあるほど、その微妙な違いを感じてしまう。

ただ、メジャーと日本の差は、伸びしろでもある。ボールやマウンドが違うということは、日本では考えられなかった球種や駆け引きなど、新しいことが手にできる可能性があるということだ。

僕はオールスターに出場することはなかったが、チームメートの岡島秀樹さんが選出され、さらにイチローさんがランニングホームランを放ってMVPとなった。自分自身も刺激をもらい、後半戦に向かった。どんな状況でも先発の穴を開けずにマウンドに立つこと。そしてシーズン終盤、特に10月のポストシーズンの戦いに向けてしっかりと状態を上げることを意識していた。

8月4日のマリナーズ戦は7回6安打2失点で10三振を奪って13勝目を挙げた。1年目の勝ち星としては１９９５年の野茂さんの記録に並ぶことができた。この試合は、この年で一番と言っていいほど、最初から最後までストレートに勢いがあった。23試合目。自分ではもっと早くこの感覚をつかみたかった。直球66球のうち、57球が１５０キロを超えた。

イチローさんとの対戦でもバットを力で押し込むことができていた。年間9試合しかないマリナーズ戦で、４試合も対決することができるなんて、僕にとっては幸せだった。１年目のイチローさんとの対戦は12打数1安打だったが、思えばいつも自分が成長できると思った瞬間には、イチローさんがいた気がする。

その後、チームは地区優勝へ独走態勢を築いていたが、僕は8月10日の登板から8試合に投げて1勝しかできず、メディアからも、ポストシーズンの先発を不安視する声が上がっていた。風邪の影響もあって状態はよくなかったが、自分としては、必ず上がってくると信じて調整をし、マウンドに立ち続けた。ジョン・ファレル投手コーチから「ローテーションを飛ばすか？」と打診されたが、断った。

9月14日のヤンキース戦。3連戦初戦に先発し、6回途中2失点。4点リードの場面で降板したが、チームは逆転負けを喫した。この3連戦は1勝2敗と負け越し。それでもこの負けはポストシーズンに向けてチームの闘争心に火をつける結果になったと思う。

ちなみに3連戦3戦目の9月16日の試合後、ロッカーから私服がなくなっていた。メジャーの洗礼である新人恒例の仮装儀式「ルーキー・ラギング・デー」だった。いつか来るとは思っていたがノーマークだった。代わりに用意されていたのが、子ども向け番組「テレタビーズ」のキャラクター〝ディプシー〟の、黄緑色をした着ぐるみだった。

僕はディプシーを着たままトロントへ。税関も通れた。ホテルの数百メートル手前で降ろされ、ディプシーのまま歩いてホテルへ。優勝を争うヤンキース戦を終えた直後の、オンオフの切り替えの早さはさすがだなと思った。そしてこの日にポストシーズンの地区シリーズで2戦目に登板することが伝えられた。

レギュラーシーズン終盤の登板は貴重な節目の試合となった。9月22日のデビルレイズ戦。7回途中5失点で降板したが、チームが9回に逆転して勝利。この時点で30球団一番乗りでのプレーオフ進出を決めた。地区優勝も決まっていなかったし、勝率次第で相手も変わる。日本とは比べられないほどタフな戦いだし、プレーオフに生き残るのは本当に大変なことだと改めて感じた。

シーズン最終登板となった9月28日のフェンウェイ・パークでのツインズ戦。地区優勝へのマジックは2だった。この試合に勝って、ヤンキースが敗れれば、12年ぶりの地区優勝が決まる一戦だった。とにかく勝つという気持ちで投げた。自分が頑張ることでヤンキースの試合も変えることができるのではないかと本気で思った。僕は8回を6安打2失点で、日本選手の1年目の成績としては最多の15勝目を挙げることができた。

ただ、自分たちの試合が終わった時には、まだヤンキースが3点をリードしていた。ほとんどの選手が帰らずにテレビ観戦をしていた。

僕たちの試合終了から1時間17分後の午後10時56分。試合はひっくり返り、ヤンキースの敗戦が決まった。手に持っていたシャンパンを思い切り振った。

クラブハウスからグラウンドに飛び出すと、試合終了から1時間以上も経過しているのに、ファンの方々が残ってくれていた。彼らとのシャンパンファイトも素晴らしい時間だった。気づくと、ゴーグルもどこかに消えていた。この日ばかりは思い切り暴れていいいと思った。

実はこの時、地区優勝用のTシャツのさらに下に、表に「ISHII」、背中に「金剛力士」と書かれた黒のTシャツを身にまとっていた。それは現役引退を表明した西武・石井貴さんの特製Tシャツだった。日本時間の28日は貴さんの引退試合だった。せめて最後に感謝の気持ちを伝えたい。家のクローゼットにしまってあった貴さんのTシャツを持ってきていた。

僕自身ものすごくショックで、なかなか受け入れられることではなかったが、一緒になって喜んでくれたらいいなと思っていた。試合後、少し電話で話した。貴さんからは「ばかだねえ、でもうれしい話だよ」と言ってもらえた。

レギュラーシーズンは32試合に登板して15勝12敗、防御率4・40。決して満足できるような数字ではないが、ローテーションを外すことなく、200回以上を投げて、201奪三振という数字を残すことはできた。投球回、奪三振、先発32試合はチームトップだったが、納得いく球が少なかったことが反省点だった。色々な課題が残ったが、ポストシーズンでの貢献が選手の価値を決める。そんな覚悟を持っていた。

「絶対にお前に回すからな」

ここでメジャーのポストシーズンの仕組み（当時）を説明しておく。

メジャーはア・リーグとナ・リーグに分かれていて、さらに各リーグも5チームごとに3地区に分かれている。ポストシーズンに進めるのは各地区の優勝チームと、それら以外で勝率が最も高かった各リーグ1チームのワイルドカードであり、つまり1リーグ4チームのポストシーズンになる。

進出チームはまず地区シリーズ（5回戦制）を戦い、勝ち抜くとア・リーグ優勝決定シリーズ（7回戦制）があり、最後にナ・リーグ優勝チームとのワールドシリーズ（7回戦制）が待ち受けるという流れだ。

レッドソックスの地区シリーズの相手はエンゼルスだった。僕は本拠地での第2戦の先発。初戦に先発したジョシュ・ベケットが完封勝利を収め、最高の形でバトンを渡してくれた。

迎えた10月5日の第2戦。7日の第3戦に先発予定で、ひと足先に敵地アナハイムへ向かったシリングから「最高の形でバトンを渡してくれ」との置き手紙があり、僕は燃えた。

ただ、投球に関しては課題が多かった。レギュラーシーズンの対戦はなかったエンゼルス打線はボールをとにかく見てきた。2点を先制してもらった直後の2回は先頭打者にカウント2ストライクから四球を与え、そこから3失点。2回までに59球を要してしまった。さらに5回まで毎回得点圏に走者を背負い、4回2／3を7安打3失点で降板。それでも9回にマニー・ラミレスの3ランでチームは劇的なサヨナラ勝ちをした。試合終了時はすでに日付が変わって40分以上が経過していた。チームが勝てばそれでいい。その思いだった。

敵地での第3戦では、シリングがさすがの投球で7回無失点。丁寧な投球には多くの学びがあった。これで地区シリーズを制覇し、またもシャンパンファイト。地区優勝の時ほど騒ぐことはなかった。世界一までの第1ステージを突破しただけ。チームの誰もがそう感じていた。

リーグ優勝決定シリーズの相手はインディアンスだった。僕の登板は敵地ジェイコブス・フィールドでの第3戦だった。シーズンでは2度対戦しており、自分も相手のことが分かる分、相手も研究を進めている。注意しなくては。ただ、ジェイコブス・フィールドでは7月24日に7回4安打無失点を記録していて投げやすい印象はあった。10月15日の第3戦。1勝1敗の状況で出番を迎えた。

初回は3者凡退と最高の立ち上がり。しかし2死一塁からロフトンに初球の直球を右中間席へ運ばれ先制点を許した。そこから粘ることができず、4回2／3を6安打4失点でチームも敗れた。試合終了は午後10時40分くらいで、ロッカーの椅子から動けなかった。おそらく誰も寄せ付けない空気があったと思う。

試合結果には落ち込んだ。だが、それ以上になぜ打たれたのか、何をすべきだったのか、その日のうちに反省し、気持ちの整理をつけたかった。なぜなら、第7戦までもつれれば、再度出番が回ってくる。中途半端な気持ちのまま次の日を迎えることはできない。1時間ほどしただろうか。自分の中で答えを見つけてから席を立った。

2007年に自分が投げた試合で会見を行わなかったのは、この試合だけのように記憶している。それほど、しっかりと自分の中で整理しておきたかった。マスコミには落ち込んでいるからだと感じられたかもしれないが、むしろ逆。ポストシーズンここまで2試合に投げて結果が出なかったことに対して、気持ちを整理する前向きな時間で、球場を離れる時には、すでに切り替わっていた。

第4戦にも敗れ、1勝3敗と追い込まれたが、チームには悲壮感というものはなかった。第5戦に先発したベケットは「絶対にお前に回すからな」と話していたし、野手陣からも「必ずお前の登板を作る」と言われていた。その通り、ベケットは8回1失点に抑えて勝利をもたらしてくれたし、続く第6戦ではシリングが7回2失点に抑えるだけでなく打線も爆発した。

シリングは「ダイスケの選手生活の中で、ビッグゲームで大きな仕事ができなかったことはない。何か特別なことをやってくれる。彼に伝えるメッセージは〝WIN（勝て）〟、それだけだ」とメディアに話してくれた。みんなでつないでくれた第7戦。3勝3敗、ここでリーグ優勝が決まる。僕のスイッチは入った。

みんなの信頼を裏切りたくない一心だった。レギュラーシーズンでは静かに立ち上がりたいと思う時もあったが、初回から飛ばした。絶対に打たせないというオーラというか波動も出したつもりだ。制球が甘くても力で抑え込もうと思っていた。

3回まで1安打無失点で、味方に3点の援護をもらった。4回に1死からハフナー、2死からガーコにともに二塁打を与え、1点を失った。流れを渡したくないと思い、靴ひもを結び直す時間を作った。開幕前のシリングからのアドバイスだった。5回にも1点を失ったが、まだいけると思っていた。ただ、フランコナ監督からの采配は交代だった。

ともかく、リードを守って救援陣にバトンを渡すことができた。2番手の岡島秀樹さんが無失点でつないで8回途中から守護神のパペルボン。打線も終盤に爆発して、チームは3年ぶり12度目のリーグ優勝となった。僕も勝利投手となった。日本人投手として初のポストシーズン白星だったと聞いた。

負けたら終わり。大舞台でその緊張感を経験できる選手はそうはいない。だからこのマウンドを楽しもうと思っていた。しかも第5戦、第6戦の勝利の流れを受けて、ラッキーだと思って投げることができた。仲間の信頼をパワーに変える。重圧で自分にブレーキをかけることはしない。そのメンタルは、WBCでも経験していたことだった。

リーグ優勝トロフィーを掲げた後に始まった三度目のシャンパンファイトでは、シリングが真っ先に僕の背中にシャンパンを流し込んできた。本当に素晴らしい仲間だ。

レッドソックスの仲間に教えられたのは、試合への集中力だ。みんな好き勝手やっているのに、試合開始10分前になると静かになる。地区優勝した夜も午前4時前後まで大はしゃぎしたが、翌日は何事もなかったかのように試合に臨んだ。個性派集団でありながら、勝利へ向かうベクトルは一緒。こんな仲間とワールドシリーズを戦える。

しかも相手となるロッキーズには、西武時代の先輩、松井稼頭央さんがいる。それまで対戦のなかった稼頭央さんと最高の舞台で戦える。こんなうれしいことはなかった。

ワールドシリーズ制覇ともう1つの収穫

ワールドシリーズは誰もが経験できる舞台ではない。日本人投手として初めてワールドシリーズに登板できるこの幸運。僕は10月27日の第3戦、敵地クアーズ・フィールドでの登板が伝えられた。

クアーズ・フィールドは海抜1600メートルの高地にある球場で、気圧が低く空気抵抗が少ないから変化球の曲がりが違う。打球も飛ぶ〝打者天国〟と言われる球場だ。初めての球場で、試合前にすべての球種をキャッチボールで確認すると、低めに抑える意識を強く持つ必要があると感じた。ベケットからも「変化球を低めに投げれば問題ないよ」の言葉をもらっていた。打撃練習も見て打球の飛び方の感覚もチェックした。

本拠地ボストンでの第1戦、第2戦に連勝していて、最高の流れで第3戦のマウンドに立つことができた。初回、稼頭央さんに初球をライト前に返され、失策が重なり無死二塁。しかし、続くトゥロウィッキーを空振り三振に仕留め、ホリデイの鋭い打球は逆シングルでキャッチし、二塁から飛び出した稼頭央さんを挟殺プレーで刺すことができた。

6回に1死から連続で四球を与えて降板したが、101球中60球が直球と、攻めの投球を貫けた。全然湿気がなく球はツルツルしていたし、息を右手に吹きかけないと抜けそうだった。試合開始前は7℃。開幕戦で経験した寒さとの戦いも含め、1年間経験してきたことをぶつけることはできた。

打撃面でもチームに貢献できた。3回、チームは3点を先取し、なお2死一、三塁の場面で、ロッキーズの先発フォッグは8番・ルーゴを敬遠気味の四球で歩かせた。満塁で回ってきた打席で、僕は初球をレフト前へ運んだ。これがポストシーズン日本人投手初安打&初打点。そしてレッドソックスの選手としてワールドシリーズでの2点適時打は1918年のベーブ・ルース以来、89年ぶりだという。

実は2回に空振り三振に倒れた後、ローウェルから「フォッグはカットボール系が多いよ」と教えてもらった。適時打はそれと同じ変化のスライダーを叩いたものだった。野球は「個と個」の局面での戦いに勝たなければいけないが、そこに導く過程にはたくさんの助け合いがある。この試合もそうだった。5回1/3を3安打2失点で日本人初のワールドシリーズでの白星を手にできた。3連勝。このチームはメジャーで一番強いと言い切れる状態だった。

会見後のベンチ裏では、稼頭央さんから「ナイスピッチング！」と声をかけてもらった。対戦はライト前ヒット、三振、ショートゴロの3打数1安打だった。僕にプロというものは何かを教えてくれた最初の人。西武に入団して初めて食事に誘ってくれたのが稼頭央さんで、ごちそうになったカツオのたたきの味は今でも覚えている。全体練習の後に黙々と個人練習に打ち込む姿にも教えられた。西武時代に背中を追い続けてきた先輩との対戦は格別だった。

レッドソックスは第4戦も4対3で勝利し、4連勝で2004年以来3年ぶり7度目の頂点に立った。試合後、クアーズ・フィールドのマウンド付近で、妻にワールドシリーズの優勝トロフィーをそっと渡した。そして集まってくれていたマスコミの方々の前で「来年3月に子どもが生まれることになりました。家族が増えます」と切り出した。

妻はつわりがひどい中でも僕の栄養管理のためにと魚や香りにクセのある食材も料理してくれた。レッドソックスの血液検査で「一番綺麗だ」と言われたのも、すべては栄養管理を徹底してくれた妻のおかげだった。

結局、メジャー1年目を最高の形で終えることができた。技術的な壁に直面することは想定内で、それよりも仲間と心からの関係を築けるかどうかが心配だった。育ってきた環境も違い、価値観や文化も異なる仲間と、優勝の瞬間、そしてシャンパンファイトで自然と抱き合うことができた。みんなと大はしゃぎできた。本当のチームの一員になれたという思いは、ワールドシリーズ制覇とともに、最高にして最大の収穫だった。

第2回 WBC を前に、イチローさんと合同自主トレ

第13章

前兆

——2008年〜2009年3月

日本での開幕戦

２００7年10月30日、優勝パレードがボストン市内で行われた。普段は市内観光に使われている水陸両用の車に、妻と長女とともに同乗した。フェンウェイ・パークから市庁舎までの約5キロの道のりだったが、紙吹雪が舞い続け、建物から見物していたファンからも「ダイスケ！」の歓声が上がった。パレードの90分間、３６０度視界に入るすべての光景を目に焼き付けた。ボストン全体がレッドソックスの世界一を祝福してくれているようで、純粋に感動した。

ただ、いつまでも余韻に浸ってはいられない。課題は明確だった。ウイニングショットの１つであるスライダーにしても、自分の思った形で曲がってくれない。メジャーに合わせたボールの握り、切り方を小手先ではなく体の使い方との連動で築き上げなければならない。１年を終え、課題解決のために取り組むべき順序というものは何となくつかめた。２年目に向かって腰を据えて取り組むことができると考えていた。

11月21日に帰国し、12月から練習を始めた。元日にも体を動かしたし、１月6日からは所沢の西武第2球場で本格始動した。レッドソックスのキャンプは2月中旬。そのキャンプ前にしっかりと投げられる状態を作っておきたかった。思えば２００6年12月は契約問題で体を休めることもできなかったし、練習の時間も限られた。雲泥の差だった。

1月中旬には西武時代の先輩、西口文也さんらと沖縄・宜野湾で合同自主トレを行い、2月からは西武2軍のキャンプに入れてもらうなど、しっかりと球数を使って状態を上げていった。

2008年からは、ツーシームを活用することを考えていた。右打者の内角、左打者の外角。横滑りだけではなく、少し沈ませてゴロを打たせるなどの狙いをもって練習に取り組んだ。チェンジアップも早くて鋭く落ちるものも交えた。1年目の実績から、2年目はオープン戦でのアピールを求められることもないし、落ち着いてオフを過ごすことができた。

このオフの期間に、レッドソックスが3月25、26の両日に日本で開幕戦を行うことが発表された。第2子誕生の予定日と重なっていたが、妻の出産に立ち会えなければ一生後悔すると思っていた。ひたすら出産予定がずれることを願っていた。

その願いは通じた。3月15日、ボストン市内の病院で第2子となる長男が誕生した。母子ともに健康であることが何よりだった。これで日本での開幕戦にも参加できる。ボストンからフロリダ州のキャンプに戻った後に17日、僕の開幕投手が正式に発表された。

2007年に20勝を挙げたベケットが腰痛を訴えたこともあり、自分の力で勝ち取ったものではないが、開幕投手は光栄なことだった。ボストンにも日本のファンからの声援はしっかり届いていたが、試合を生で見てはもらえない。開幕戦で、応援してくれる方々にしっかりと恩返しができる投球を見せたいと考えていた。

来日直前というか、飛行機に乗る当日の3月19日にはちょっとしたボイコット騒動が起きた。日本での開幕戦にあたりMLBからから選手に支払われる特別手当4万ドル（当時約400万円）が監督、コーチやスタッフには支払われないことが分かり、彼らが日本行き拒否をMLBと選手会に伝えたのだ。

最終的にはMLBと球団が2万ドルずつを負担することで事態は収束したが、日本行き前、最後の登板だったブルージェイズとのオープン戦の試合開始が遅れ、僕の最終登板はマイナーが相手で6回1失点となった。飛行機で16時間。日本時間の21日未明に羽田空港に到着した。

迎えた3月25日の東京ドームでの開幕戦。相手はアスレチックス。日本投手の開幕戦登板は2004年の野茂さん以来2人目だった。結果は6四死球と制球に苦しみ、5回を2安打2失点で降板した。勝利投手にはなれなかったが、日本のファンの前で投げられ、しかも延長戦を制してチームは勝利。

同点で迎えた9回に5番手で救援登板した岡島さんが1回を無失点に抑え、勝利投手となったこともうれしかった。

僕は力が入りすぎていた。2006年6月の巨人戦以来の東京ドームのマウンド。メジャー仕様に硬いマウンドに変えてくれてはいたが、初回に2点を先制され、3回以降はふくらはぎがつりそうだった。逆にそれがよかったのかもしれない。最低限、粘ることができた。

1年目よりも満足のいくシーズンに

2試合の日本開幕戦を終えてアメリカに戻ると、桑田真澄さんの引退が発表されていた。留守電に桑田さんからメッセージが入っていた。電話をかけ「ゆっくり休んでください」と伝えた。桑田さんは幼少期からのヒーローであり、プロ入り後も節目で大きなアドバイスをもらってきた。ショックではあったが、僕にできることは桑田さんに教えられたことをしっかりとやり通すことだけだった。

その桑田さんの誕生日でもある4月1日のアスレチックス戦に先発した。6回2／3を投げて2安打1失点。無四球で2008年の1勝目を手にできた。

試合後はウイニングボールがほしかったので、クラブハウスへ引き揚げるナインとは逆に、グラウンドへ飛び出した。開幕戦でも岡島さんの「凱旋勝利」のボールをスタンドへ投げ入れた守護神のパペルボンが、今度もスタンドに投げ入れてしまったからだ。僕はすぐさまファンに駆け寄り、ボールの交換を求めた。ただの1勝じゃない。生まれたばかりの長男への大事なプレゼントにしたかった。

開幕から3試合目となった8日のタイガース戦は、2008年の本拠地初試合だった。試合前には前年のワールドシリーズ制覇を祝うセレモニーが行われるなど、異様な雰囲気で迎えた試合。僕は6回2/3を4安打無失点で2勝目を挙げることができた。試合後のクラブハウスでは、42個のダイヤがちりばめられたチャンピオンリングを指にはめた。喜びは格別だった。

この試合では、遅いスライダーを駆使した1日のアスレチックス戦から一転、直球系で押した。相手が変化球を待っていると分かったからだった。そういった洞察力や駆け引きもメジャー2年目で研ぎ澄まされていた。

その後インフルエンザにかかり、初めて先発ローテーションを外れた。クラブハウスではインフルエンザが蔓延(まんえん)しており、僕も気をつけていたがかかってしまい、チームに迷惑をかけた。何とか一度先発を飛ばすだけで戦列に復帰できたが、そこから数試合はベストな状態でマウンドに戻れないことも覚悟していた。その中で先発として最低限の働きはできたと思う。

5月22日のロイヤルズ戦の勝利まで、開幕から10試合に登板して8連勝となった。走者を出すことはあっても、本塁さえ踏ませなければいい。何よりチームが勝てばそれでいい。2年目に入り、硬いマウンドで引っかかっていた左足の踏み出し方も分かってきた。どんなに調子が悪くても「こうやれば最低限の働きができる」というところまで上がってきた。

こういう時こそ、地に足をつけて取り組まなければいけないと思った矢先だった。9連勝がかかる5月27日のマリナーズ戦の調整に入っていた、23日から25日のオークランド遠征。投球練習のためにブルペンへ向かう途中で足を滑らせ、とっさに右手で手すりのようなものをつかんだが、その時に右肩を痛めてしまった。迎えたマリナーズ戦。右肩の感覚が思わしくなく、5回の投球練習中に自ら交代を申し出て4回4安打3失点で降板した。

マウンドに上がる前から、いつもとちょっと違うと感じるものがあった。3回途中くらいからはこれはよくないと思った。ただこの時はそこまで深刻な感じはなく、先々のことを考え、長期離脱につながる前に、という判断だった。30日に検査を受け、「右肩回旋筋の軽度の張り」と診断された。MRI検査で異常はなかったが、15日間の故障者リスト（IL、ただし当時はDLと呼ばれていた）に入った。首脳陣からは10日間のノースローが言い渡された。

6月7日にキャッチボールを再開。同16日に、3A（マイナー、日本でいう2軍）のポータケットで5回を投げた。

メジャーでは、マイナー選手の大切な試合を「調整の場所」として提供してくれた球団と同僚に感謝の気持ちを込めて、何らかの恩返しをする。この日は40人前のステーキと寿司を用意したら、とても喜んでもらえた。

21日のカージナルス戦で復帰したが、1回0／3で6安打7失点KO。復帰戦でこのシーズン初黒星となった。ただ復帰2戦目の27日のアストロズ戦は、5回を2安打無失点で9勝目。87球で降板したが、強く腕を振ることができた。故障前の感覚を少しでも取り戻そうと、登板間に三度の遠投を行い、ブルペンは球数を多めに設定したこともよかったのだと思う。強いボールを投げられたことにホッとした。

その後2試合、白星から遠ざかったが、やがて球威も戻ってきた。前半戦最終戦となった7月13日のオリオールズ戦では6回を4安打無失点。前半戦で10勝を挙げることができた。57与四球はリーグワーストタイだったが、防御率は2・65。依然としてメディアからはクオリティー・スタート（6回以上投げて3失点以内）の少なさを指摘されたが、自分では投球内容、ボールの質ともに1年目から向上した感覚があった。

後半戦のスタートは7月22日のマリナーズ戦。イチローさんとの対戦は、右肩の違和感で降板した5月27日以来だった。その試合では対戦した2打席とも打たれ、3度目の対戦の前にマウンドを降りたから、今回はどうしても抑えたかった。

第1打席はセカンドゴロだったが、その後の2打席は連続四球。8回1死一塁で迎えた第4打席の時点で点差は4点。勝負できる状況だった。結果はカウント2－2から真ん中低めの86マイル（約138キロ）のカットボールをタイムリーツーベースにされた。

試合自体は7回1／3を5安打2失点で11勝目を挙げたが、イチローさんに3つ目の四球を与えたくないという気持ちが強すぎた。サインは外角からストライクゾーンに入るカットボールだったが、僕が投じた球は真ん中に入ってしまった。

この試合、イチローさんに打たれた悔しさは残ったが、ツーシームで併殺を取れたし、実験的に投げたフロントドア（左打者の内角からストライクゾーンに入る球）のツーシームで見逃し三振も取れたなど、状態がよかった。完投や完封も狙えていただけに、イチローさんへの1球が悔やまれた。

幻となった抑えでの登板

前年は8月以降、3勝4敗と失速したが、この年の8月以降は11試合に登板して7勝1敗。勝負所でチームに勝ちを呼ぶことができた。

8月9日のホワイトソックス戦は思い出に残っている。この試合、日米通算で136勝目となった。この136勝目という数字には意味がある。

江川卓さんの通算135勝を意識していたのだ。僕にとって、江川さんの存在は特別だった。直球を武器に、たった9年で135勝をした。追いつき、追い越したい。僕は10年目にならないとこの数字を超えられなかったが、要した試合数は江川さんより10試合少ないと聞いた。

2年目のシーズンは、チームにとって楽な戦いではなかった。開幕からエースのベケットが離脱し、オルティス、ドルーら主力野手にも故障が相次いだ。僕自身も右肩の張りで約1カ月、戦列を離れた。そして7月末には〝チームの顔〟マニー・ラミレスが移籍。それでもチーム一丸となってシーズンを戦った結果、ワイルドカードとしてプレーオフ進出を決めた。

ベケットがシーズン終盤にも戦列を離れたこともあり、僕の地区シリーズ（前年と同じ対エンゼルス）登板が第3戦から10月3日の第2戦に繰り上がった。1日の第1戦は逆転勝ちで先勝。いい流れでバトンを渡してもらえた。

迎えた第2戦では、初回に味方打線に4点を先制してもらった。僕も先頭から7人連続でストライクを先行させるなど3回まで1失点。相手のエンゼルスはボールを見極めてくることも分かっていた。4、5回は61球を費やしたが何とかピンチを潜り抜け、5回8安打3失点で救援陣につないだ。終盤に追いつかれて勝利投手にはなれなかったが、チームは9回にドルーがエンゼルスの守護神フランシスコ・ロドリゲスから決勝2ランを放って勝利した。

1年目のポストシーズンは恐怖心というか、調子が悪かったこともあり不安だった。レギュラーシーズンとは一変して集中力が高まる相手に対し、結果ばかり求めて焦っていた部分があった。だが2年目は、自分の投球がある程度できればどんな相手でも勝てるというメンタルが備わっていた。だからこそ、自分の状態を見つめることに集中し、ブラッシュアップできた。この試合でも、シーズン終盤に曲がりの大きかったカットボールを修正して使うことができた。

その後、チームは第3戦に敗れたものの、第4戦に勝利して、2年連続でリーグ優勝決定シリーズへ進出した。

今度の相手は岩村明憲さんのいるレイズ。僕は10月10日の敵地での第1戦に先発した。勝負どころは1対0で迎えた7回だった。6回まで無安打投球だったが、連打を浴び無死一、三塁。前進守備を取らず、1点をあげてもいいという内野陣の守備体形を見て燃えた。絶対に点を与えたくない。まず1アウトを取り、続くナバロをレフトフライ、グロスを空振り三振に斬った。いずれもフロントドアのツーシームだった。

そう、7月22日のマリナーズ戦で試したフロントドアだ。マリナーズ戦で、フロントドアに対する打者のリアルな反応を見ていた。だから、大事な一戦でも自信を持って投げられた。

そもそもマリナーズ戦で試したのも、この球は使えるというイメージがあったからだ。この年にチームメートになったバートロ・コローンを見て、左打者の内角への出し入れが本当にうまいと思ったこと。そしてヤンキースのマイク・ムシーナがこの球を駆使して復活を遂げていたこと。そういったことが根拠になった。

この試合は、7回0／3を4安打無失点で勝利投手になった。メジャーでのポストシーズン6試合目で初めて、6回の壁を突破して長い回を投げることができた。何より初戦を任せてもらってチームの勝利に貢献できたことがうれしかった。

メジャーの球場では、ホームアドバンテージで色々な細工をする。この試合では、プレートが一塁側にややずれていた。投げあった右腕のシールズはプレートの一塁側を踏んで投げる。一塁側にずれればずれるほど、右打者の内角には食い込むし、外角は遠くなる。そんなこともあったのかもしれない。ここ一番では色々なことをしてくる。それでも第1戦、調子を落とさずにチームを勝利に導けた。

だが、第2戦からレイズ打線につかまり、チームは3連敗。1勝3敗に追い込まれた状況で、本拠地での第5戦に先発した。思えば前年のリーグ優勝決定シリーズのインディアンス戦も1勝3敗と追い込まれてから、ベケットが快投して流れを変え、逆転突破につなげた。会見では「僕はベケットじゃないけど、昨年の彼のような投球をしてつなぎたい」と話した。

調子は第1戦よりも良かったし、勢いのついたレイズ打線を止めなければいけないという使命感もあったように思う。ただ色々な要因が重なって、繊細さを欠く結果になった。初回、アップトンに先制2ランを被弾。3回はペーニャ、ロンゴリアにメジャー初の連弾を浴びるなど4回0/3を5失点でマウンドを降りた。

ただ、試合はすごかった。

0対7のビハインドから猛攻を見せ、なんとサヨナラ勝ちをしたのだ。ポストシーズンでは1929年ワールドシリーズの8点差に次ぐ史上2番目の大逆転勝利。僕のミスをみんなにカバーしてもらった。

第6戦は接戦を制して逆王手をかけた。前年同様の流れだ。しかし、第7戦は1対3で敗れて連覇の目標は絶たれた。この試合、僕はブルペンで待機していた。パペルボンの疲労が激しく、試合終盤、締めに行く時は僕に任せるということだった。6回終了とともにブルペンに向かい、7回表と裏の間にはレフトのベイとキャッチボール。8回にもブルペンで肩慣らし。味方の反撃を信じて準備を整えていたが、出番はなかった。

　昨年の自分ならなかった起用に誇りは感じたが、結果的に連覇へ導けなかった悔しさが残った。2年目はチームトップの18勝3敗で、防御率2・90。野茂さんが記録した日本選手シーズン最多勝（16勝）を更新することができたが、ヤンキースの王建民（ワンチェンミン）が挙げたアジア人最多の19勝には届かなかった。

立ち位置の変わったWBC

　このオフ、2009年3月には第2回ワールド・ベースボール・クラシック（WBC）が控えていた。僕は出場要請を快諾した。原辰徳監督にも電話を入れ、「全力で戦います」と伝えた。前回と違うのは、投手陣の中心的役割を担う必要があるということ。2月は古巣の西武に宮崎・南郷キャンプに合流させてもらう許可を得て、調整した。

　1月30日には、所沢市内の西武第2球場で、桑田さんとキャッチボールをする機会にも恵まれた。さらに2月5日にはイチローさんからの誘いもあって、1日限りの合同自主トレを行った。43球だったが、イチローさんの打撃投手も務めた。キャンプ合流前に緊張感のある中で投げさせてもらえたことは大きかった。トレーニング前夜には、イチローさんから投手陣のまとめ役についての話ももらった。心に刺激を与えるには十分すぎる時間だった。

その後、西武のキャンプに合流し、代表合宿直前の2月13日には、紅白戦で1試合投げさせてもらった。そして15日から日本代表合宿に入った。

平均年齢26歳の投手陣。僕もまだ28歳だったが、合宿に入ると「松坂さん」と声をかけられた。僕はマウンドに上がった際にトントンと小さく跳ねる癖があるが、それすらも「何か意味があるんですか?」と聞かれた。前回とは違った立ち位置なんだと感じさせられた。

僕は言葉で引っ張るタイプではないし、意識して何かを変えられるわけでもない。ただ、2008年の北京五輪のビデオを見ていて、日本の投手は技術があっても、国際大会になるとその能力が発揮しきれないのだと感じていた。メジャーで戦った2年の経験から、日本投手陣の能力がしっかりと発揮できれば抑えられるとの思いもあった。

ならば、やるべきことは決まっている。遠慮のない環境を作ること、選手が自分のパフォーマンスに集中できる、伸び伸びした空気を作り出すことだった。

15日の合宿初日から投手陣全員に声をかけた。食事にも連れ出した。何か重たい話をするわけではない。自分との壁をまず取り除かないといけないと思い、ざっくばらんな話をした。いつしか呼び名は「松坂さん」から「大輔さん」に変わった。

WBC連覇のその裏で

1次ラウンドは、2戦目の3月7日の韓国戦の先発が任された。

前回大会は1勝2敗、北京五輪では2敗と日本は勝てていなかった。技術は日本が上でも、メンタルを含めた総合力で負けたら意味がない。

僕は「勝つこと」しか考えていなかった。初回に金泰均(キムテギュン)に2ランを浴びたことは反省だが、3回2死二塁で迎えた金泰均の第2打席は沈むツーシームで追い込んで、内角直球でフライに仕留めた。韓国とは再び対戦があることを想定し、しっかりと内角を意識づけさせた。

試合は14対2で7回コールド勝ちとなり、1戦目の中国戦からの2連勝で2次ラウンドに駒を進めた。舞台を日本からアメリカに移し、2次ラウンドでは15日の初戦キューバ戦の先発が伝えられた。

アメリカ到着後の11日に、ジャイアンツとの練習試合に調整登板する予定だったが、韓国戦から中4日が空いていない、厳密に言えば、時差もあって3・5日しか空いていないということで、調整登板は翌日のカブス戦に変更となった。メジャー所属選手は練習試合でも大会規定が適用されるということだった。そしてさらに、キューバ戦登板まで中2日しかないということで、今度はレッドソックスから「待った」がかかり、カブス戦の登板もできなくなった。

つまり結局、ぶっつけでキューバ戦に向かうことになった。正直、困ったなと思った。肩が完全に仕上がっているシーズン中とは違う。しかも、キャンプ中からレッドソックスに球数を管理されており、投げ込むことで「肩を締める」という作業もできない。

日本の選手は想定外のことが起きた時にあたふたしてしまうことが多いが、僕がそんな姿を見せるわけにはいかなかった。平常心を貫き、キューバ戦の結果をもって、説得力を持たせる。さらに、キューバとは再び戦う可能性があるので、味方のヒントになる投球もしたい。自分の状態が完璧でないならば、頭も使って抑えないと。そういう意識だった。

迎えたキューバ戦は6回5安打無失点、8奪三振で勝利した。アテネ五輪での対戦が生きた。というのも、キューバベンチから打者にコースを伝える声が聞こえたのだ。まさにアテネ五輪でもやられたことだった。アテネ五輪では、キャッチャーの城島さんと話して、極力構えを遅らせることで対処した。極端に言えば、リリースの瞬間に動いてもらっていた。

第2回WBCでも、マスクを被るのは城島さんだった。2回、ベンチに戻って城島さんと話をした。今回もキューバベンチからコースを伝える声が聞こえており、「構えたコースの逆に投げよう」と話し合った。つまり、逆球だ。城島さんが内に構えたら外、外に構えたら内に投げる。結果、3回の3アウトは全て見逃し三振。5回からはキューバベンチから声も消えた。

対戦翌日に僕はあえて、逆球を報道陣に明かした。第2回大会は各ラウンドで1敗してもはいある可能性のあるダブルエリミネーション方式を採用しており、再びキューバと対戦する可能性があったからだ。情報戦で、相手に伝わることも想定し、あえて口に出した。

キューバのサイン盗みへの対策は別として、投球を振り返ると、かなりギアを上げて多くの球種を使っていた。再戦する可能性もあったので、点差を考えながら手の内を隠すという選択もあったのかもしれない。ただ、投手の中でメジャーリーガーは僕だけだったし、何よりアメリカに乗り込んでの初戦。どんなにぶっつけ本番であろうと、自分の投球をすれば抑えられるというメッセージを結果で伝えたかった。

侍ジャパンは2戦目の韓国に敗れ、準決勝進出をかけた18日の一戦はキューバとの再戦になった。先発の岩隈投手には、しっかり内角、外角を突ければ大丈夫と伝えた。さらに彼には素晴らしいフォークボールもある。心配はしていなかった。

クマ（岩隈）は6回5安打無失点で勝利に導いてくれた。「松坂さんに大きな勇気をもらった」と言ってくれたことはうれしかったし、さらに僕の逆球を逆手に、「ミットを狙って自分の球を投げることができた」と話していた。僕の投球を生かしてくれたクマの技術力の高さを感じた。

連覇へ向けての準決勝はアメリカ戦だった。前回は優勝こそしたが、アメリカには敗れたままだった。この試合に、僕が登板。序盤から制球に苦しんだが、何とかピンチをしのいで4回

2／3を5安打2失点。打線の援護とともに、2番手以降の4投手がしっかりと相手打線を封じてくれた。本当にみんなが自信を持って投げていた。頼もしさを感じた。

3月23日、決勝の韓国戦は激闘となった。誰もが覚えているのが、延長10回表のイチローさんの決勝打と、その裏、ダルビッシュ投手が韓国の反撃を封じた勝利の瞬間だろう。

日本は連覇を果たしたのだ。

9試合でのチーム防御率は1・71。本当に頼もしい仲間たちに支えられ、何より僕自身が大きな刺激をもらっての連覇だった。僕は3戦3勝でMVPに選んでもらえたが、投球内容までしっかり見れば、クマがもらうべきだったと今でも思っている。

翌日の記者会見で、当時20歳で投手最年少の田中将大投手は「次は18番をつけて出場したい」と話して爆笑を誘った。この発言を聞いてすぐに思い出したのは、宮崎合宿で顔を合わせて間もない頃、ダルビッシュや涌井秀章らが「マー君が、なんで僕が18番じゃないの、って言ってますよ」とからかった光景だった。「そんなこと言ってません、申し訳ございません」と身を縮めるマー君を見た時に感じた、自分と若手との壁。

それが大会を経て、冗談だとしても報道陣の前で堂々と言えるようになっていた。「壁」というものは1カ月超の戦いを経て消えてくれたと感じた。

侍ジャパンは連覇を果たした。ただ、この大会、僕は故障を隠しながら投げていた。200

8年から前兆があり、その後の僕を苦しめることになる怪我との戦いについて、次の章から向き合っていこう。

メッツでの初登板初先発は敗戦に終わった

第14章

怪我

——2009年〜2014年

野球人生で初めて何もできなかった

ＷＢＣ連覇を達成したチームを離れ、僕はそのままフロリダ州フォートマイヤーズのキャンプに合流した。実は、ＷＢＣに向けて、1月に股関節まわり、特に内転筋をトレーニングの最中に痛めてしまった。徐々に負荷をかけて繊細にトレーニングをしていたのに。故障した時は本当に自分に腹が立った。

怪我を見抜いたのは、侍ジャパンではイチローさんだけだったと思う。やはりイチローさんは違う。

ＷＢＣ後も、どうやったら痛みが出ないか、どうやったらバランスを保てるかを模索した。薬を少し飲めば、気にすることなく動ける状態だった。だから、できる範囲で体を仕上げて強くしていこうと思っていた。シーズン開幕までは「これでやっていくしかない、これでやっていける」とも思っていた。だが、一度狂ってしまった歯車は、簡単にはもとに戻らなかった。

4月9日のレイズ戦は、5回1／3を9安打4失点で3本のホームランを喫し、黒星となった。続く14日のアスレチックス戦は1回5安打5失点。翌日、右肩の張りを理由に故障者リスト（ＩＬ）入りした。状態を戻そうとしたが、そこまで甘くない。マイナー戦登板を経て、5月22日のメッツ戦で復帰先発したが、5回4失点で勝利は得られなかった。

ようやく6月2日のタイガース戦で初勝利を挙げたが、その後はチームを勝利に導く投球ができなかった。21日に右肩の不調で再びＩＬ入り。このままではチームの足手まといになってしまう。どれだけの期間を経ればもとに戻せるのか。この時点では分からなかった。

とにかく一度崩れたものは、土台から解体して作り上げないといけない。映像で自分のフォームを見た時の、感覚との大きなズレに失望感もあった。肩まわりと股関節の強化に重点を置いたが、そこだけ強くなってバランスを崩しても意味はない。夜中に窓に映る自分の姿を見ながら腕を振り、投球フォームの感覚を取り戻そうとした。

下半身をいじめ抜く地道なトレーニングも繰り返した。体重は89キロまで絞ったが、太ももは数センチ太くなった。「新しい体を作り上げる」という感覚だった。

やっかいだったのが、股関節を痛めたことによる、硬いマウンドに対する無意識下の防衛本能だった。払拭するには、ブルペンから体を大きく使って徐々に体に覚えこませるしかない。アメリカ式ではなく、自分が考えるトレーニングメニューに取り組んだ。柔軟性や粘りを生むトレーニングも多く取り入れた。

その後、レギュラーシーズンも最終盤の9月15日のエンゼルス戦で復帰。88日ぶりのメジャーのマウンドで、4回まで無安打に抑え、6回0／3を3安打無失点で今季2勝目となった。離脱前の最後の試合はボストンのファンにブーイングを浴びての降板だったが、今回はボストンファンも拍手で称えてくれた。多少コースが甘くても、ファウルや空振りが取れた。続く20日のオリオールズ戦は6回途中3失点で3勝目。26日のヤンキース戦では7回6安打1失点で6敗目を喫したが、長く投げてチームに勝つチャンスを与える投球はできた。10月2日のインディアンス戦では4勝目。ポストシーズンに向けて、チームの力になれる状態は整った。

だが、エンゼルスとの地区シリーズでは3戦目まで出番はなく、チームは3連敗で終戦した。復帰した9月以降は4試合で3勝1敗、防御率2・22と安定していたが、地区シリーズは中継ぎ待機だった。3戦目のブルペンでは2回表に62球、6回表に16球を投げて準備したが、マウンドには立てなかった。本当にチームの信頼を得られていたならば、登板機会はあったはずだった。それまでの野球人生で、何もできなかったということは少なかっただけにつらかった。

シーズンを通しての成績は、4勝6敗、防御率5・76と不本意に終わった。危機感もあったが、この悔しい経験が自分をまた強くするとポジティブに考えるようにした。最低限の状態を維持しておかなければメジャーでは戦えないこと、逆に状態を維持すれば戦えることも分かった。シーズン後、休んだのは2日くらい。12月中旬からアリゾナ州の最先端トレーニング施設「アスリーツ・パフォーマンス・インスティテュート（ＡＰＩ）」を拠点に体づくりを進めた。

このまま復調かと思えた2010年

メジャー4年目の２０１０年は、キャンプ前に上半身に張りが出た。先発ローテーション争いを考えた場合、ベケット、レスター、そしてエンゼルスから加入したラッキーは確定だろう。残り2枠を２００９年に11勝を挙げたウェイクフィールド、同7勝のバックホルツと争うことになった。僕は3月14日に予定していたフリー打撃の日に、首の右付け根付近に異常を感じて、結局、開幕に間に合わなかった。

僕にとっての開幕は5月1日のオリオールズ戦となった。4回２／3を7安打7失点で黒星となったが、直球は最速95マイル（約１５３キロ）を記録するなど、ボール自体は悪くなかった。二度目の登板で初勝利を挙げ、三度目となった5月11日のブルージェイズ戦は7回3安打1失点。特に直球は、メジャーに来てから一番納得できる球威とキレがあった。

下半身の力を指先にロスなく伝える。そのために、12月の自主トレから意識を変えていた。骨盤を安定させ、下半身と上半身をつなぐ大事な尻の筋肉に意識を注いだ。股関節のストレッチだけでも20種類はあったと思う。オフからやってきたトレーニングは間違いではなかった。

メジャーに移籍してからの3年間、どんどん右肘の位置が下がっていた。ツーシームを多投すれば、肘は下がる。分かっていても、試合中はそこにだけ集中はいかないから自然と下がる。

逆に肘を高く保てれば、ボールを指の先の先までしっかりと力を伝えることができる。２００９年よりも２０１０年は右肘の位置が２センチほど高くなった。

５月22日のフィリーズ戦では、８回２死までヒットを許さない投球で３勝目を挙げた。残り４人というところ、８回２死からの１０９球目、カストロに投じた内角直球で詰まらせたが、打球はショート後方にポトリと落ちて、ノーヒットノーランを逃した。

７回にワースのピッチャーライナーを左手いっぱいに伸ばして捕球。８回無死一塁ではベルトレが三遊間の打球を横っ跳びで好捕して併殺に仕留めていた。いい守備も出て、こういう時に記録は生まれるものなのかなと思っていたが、惜しかった。ただ、感覚と実際のボールが一致していて、１５０キロ以上は46球あった。メジャーに来て一番いい状態にあった。

６月７日のインディアンス戦は８回を４安打無失点に抑えて５勝目、日米通算１５０勝となった。通算２８５試合目での到達は１９５０年の２リーグ制以降に入団した投手では西武の西口文也投手の３１９試合を抜いて最速と聞いた。通過点だけど大きな節目。この年の３月に生まれた３人目の子ども（次女）に意味のある、まともなウイニングボールを渡すことができた。

１１２球のうちスライダーはわずか３球。スライダーを覚えてからこんなに投げなかったのは初めてで、こういった投球もできるということに喜びを感じた。

12日には右前腕外側に張りを感じてＩＬ入りしてしまったものの、すぐに復帰し、前半を6勝3敗で折り返した。ストライク先行の投球で長いイニングを投げる。２００９年にできなかったことができるようになってきていた。

7月25日のマリナーズ戦では、2年ぶりにイチローさんと対戦することとなった。対戦した3打席は計19球で空振り三振、ファーストゴロ、サードゴロ。6回4安打1失点ながら救援陣が打たれて試合に負けはしたが、久々にしっかりした球をイチローさんに投げられた。

ただ、いったん状態が上がってくると、どこかに痛みが出る。8月27日のレイズ戦登板を前に、今度は腰に張りを感じた。またもすぐに復帰できたが、9月2日のオリオールズ戦で9勝目を挙げて以降、5試合勝ち星から遠ざかり、4年目は9勝6敗、防御率4・69に終わった。終盤は腰の痛みとの戦いもあり、スッキリしないまま終わったが、自分の中ではメジャー4年間で一番、球に力があったシーズンだった。

トミー・ジョン手術

30歳になって迎える、２０１１年シーズン。

キャンプを順調にこなしていた3月11日、日本で東日本大震災が起こった。

伝えられる映像は悲惨なものばかりだった。何かできることはないか。僕は必死に考えた。

水を届ける術はないのか。充実しているボストンの医療チームを雇って日本に派遣することはできないのか。

チームメートも「親戚は大丈夫か、友達は大丈夫か」と常に気にかけてくれていた。17日のオープン戦では、岡島秀樹さん、正田樹選手、田澤純一選手とともに義援金を呼びかける募金活動を行ったが、そこにバリテックも参加してくれた。できることをやる。10万本の水と、義援金として寄付もさせてもらったが、継続してできることはないか。考え続ける年となった。

僕の方は、開幕から2試合続けて敗戦。3試合目となった4月18日のブルージェイズ戦で7回1安打無失点に抑えて初勝利、4試合目の23日のエンゼルス戦も8回1安打無失点で2勝目を挙げた。

ただ、肩と肘の回復が思った以上に遅かった。振り返ると、この時に兆候は出ていた。29日のマリナーズ戦に先発したが、右肘の張りで降板。5回、先頭のイチローさんに打たれた直後に交代した。3回くらいから張りはあったが、自分ではいけると思っていた。5回には、球速は140キロ前後に落ちていた。イチローさんからは「バッピ（バッティングピッチャー）みたいな球投げるんじゃねーよ」と言われたが、僕はそんな球しか投げられなかった。ただ、試合後のドクターの診察では異常はないと告げられた。

5月4日のエンゼルス戦では、延長13回から8番手で緊急登板。メジャーでは104試合目で初の救援という予想もしない登板で、１回を３安打２失点で敗戦投手となった。８日のツインズ戦は６回５安打４失点ながら３勝目を挙げたが、16日のオリオールズ戦では５回途中で降板。球速も１４６キロまでしか出なかった。腕はまったく振れなかった。

その直後にＭＲＩ検査を受け、「右肘の内側側副靱帯（ないそくそくふくじんたい）と屈筋群の異常」と診断された。

診断結果を聞いた時はショックだった。31日には、ロサンゼルスでセカンドオピニオンの検査を受けた。右肘の権威であるルイス・ヨーカム医師は「靱帯の損傷の程度がひどく、断裂。完全に治すには手術しかない」という見解だった。そんなにひどかったのか……。

僕は翌日にボストンに戻り、妻とも話し合って手術を決断した。

右肘の靱帯再建手術、通称トミー・ジョン手術。手術の成功率は90％と言われていた。１００％ではない。しかも、手術には成功しても、そのうちのどれだけの選手が手術前のパフォーマンスを取り戻せたか。

手術が発表された6月３日、フェンウェイ・パークで軽くキャッチボールをした。この時もまだ、「キャッチボールをしているうちにもしかしたらよくなるのではないか」と願っていた。０％に近くても何かが起こってほしかった。約30球。自分なりに力を込めたが、この程度のスローイングでも回復するどころか、次の日に悪化していた。僕には手術の選択肢しかない。覚悟を決めるキャッチボールとなった。

10日。ロサンゼルス市内の病院で、ヨーカム医師の執刀による手術を受けた。右手首の腱を右肘に移植するもので、無事に成功した。約2時間の手術だった。医師からは「肘を開けてみたら靱帯そのものが切れてなくなっていた」と言われた。

手術の最中は麻酔が効いていて意識はなかったけれど、無意識に体を起こそうとしていたらしく、妻に聞いたら、看護師さんたちに押さえられていたという。意識が戻り、右肘に残る20センチほどの傷跡を見て、「手術が終わったんだ、切っちゃったんだ」と現実を知った。

術後の激痛は今でも忘れられない。曲げてはいけない方向に腕を曲げられたような感じで、ズキンとうずくような痛みと、何かが刺さったような痛みがあった。2〜3時間おきに起きて痛み止めを飲んだ。前の薬が切れる前に、次の薬を飲んで痛みを和らげる日々。

人前で投げたくないと思った

やがて手術から2週間が経ち、球団施設でリハビリを開始した。右肘の可動域を徐々に広げる地道なリハビリは激痛を伴った。ネガティブな思考は極力頭から外した。日々1ミリや2ミリだけでも、肘の可動域が広がっていた。少しでもよくなっていくことを実感することで、少し幸せに思える。積み重ねで頑張ろうと誓った。

ボストンのメディアには「松坂の時代は終わった」という記事もあったけれど、僕は「また新しい始まり」と考えていた。日常生活でも箸は左手で持ち、歯磨きや洗顔も左手のみ。それも左手を使ういいトレーニングになると考えた。焦らず、悲しまず、元気よく。手術から1カ月ちょっとで肘の可動域は戻り、日々行えるメニューも徐々に増えていった。ただ、右肘マッサージの際の痛みはすさまじく、タオルを口に入れて食いしばりながらやっていた。

手術から4カ月近くたった10月3日、ついにキャッチボールを実施した。距離は16フィート（約5メートル）からスタートして、最後は45フィート（約14メートル）まで延ばして計39球を投げた。正直、最初はどう投げていいか分からなかった。ボールを投げるのに緊張して、人前で投げたくないと、久しぶりに思った。終わった後は、肘が痛くなくてホッとした。

周囲に自分のネガティブな状態を見せたくなかった。リハビリ中は何を聞かれても、「せっかくなので気持ちを切り替えて休んでいます」と答えた。それは自分のためでもあった。最初はどうしても投げることを考えてしまうし、試合も見ていた。でも、野球のことを考えれば考えるほど気持ちよく過ごせない。だから、意識して野球の試合は見ないようにした。

「無の境地」というのは少し大げさかもしれないが、朝起きて、球場に行って、リハビリをやって帰る。その繰り返し。自分であって、自分じゃないというか、自分のことを俯瞰（ふかん）して見る感じで過ごした。これは新鮮な感覚だった。

過去、メジャーの選手が受けてきた手術例も、結構な数を調べた。何年の何月に手術して何年の何月にメジャー復帰したとか、そういう資料を多数見たが、自分の目安にすることはしなかった。目安を設定すると自分が苦しくなる。

リハビリは午前8時から始まって5時間。午後1時には終わる。さすがに4時間や5時間も読めないが、本を読む時間を作った。写真を撮るのが好きだったから、カメラをちゃんと勉強してみようと思ったし、ロードバイクで球場に通った。野球以外の世界に目を向けていた。11月18日にフロリダ州でのリハビリを切り上げ、オフを過ごし、翌２０１２年は１月５日からリハビリを再開した。そしてついに30日に初めてブルペン投球を行い、１カ月半後、３月16日にはフリー打撃に登板した。さらに段階は進んで、４月23日に傘下の１Ａ（メジャーのマイナーは上から3A、2A、1Aに分かれる）戦に先発した。３４３日、ほぼ１年ぶりの公式戦のマウンド。４回まで57球を投げ、６安打３失点。問題なく投げられた。

その後、２Ａ、３Ａ戦も含めて計６試合に投げたが、日によって肘の状態はまったく違った。登板前日に肘の軽さを感じても、登板日に肘の重さ、だるさを感じてしまうこともあった。トミー・ジョン手術を行った選手は、１年から1年半で復帰できるが、復帰後も状態の浮き沈みが続くと聞いていた。中日時代に肘の手術経験があり、オリオールズに在籍していた陳偉殷（チェンウェイン）投手も同じことを話していた。

２０１２年から就任したボビー・バレンタイン監督とも綿密に話し合い、一度５月中旬に復帰を打診されたが、もう少し時間がほしいと訴えた。まだ戦える状態になかった。今までの僕だったら「いきます」と答えたかもしれない。しかし、メジャーでの過去5年で、自分の状態で勝負になるかは感覚的に分かっていた。

監督から「追試」の期間をもらって、ようやく自分の納得できるボールの確率が増した。6月9日、本拠地でのナショナルズ戦でメジャー復帰した。

5回80球を投げ、5安打4失点で敗戦投手にこそなったが、直球主体の投球で8三振を取れた。初回、マウンドに上がる直前には「きょうからスタートするよ」と自分に言い聞かせた。4回に先頭打者に四球を与え、その後にストライクを集めすぎて3安打3失点。勝負を急ぐという自分の性格も、一度野球を離れないと見えてなかったことだった。

本拠地の歓声も本当にうれしかった。最速も94マイル（約151キロ）を記録できた。「靱帯がない」状態から、また150キロを超える球を投げられるようにしてくれた医師、リハビリを支えてくれたすべての人に感謝の思いしかなかった。

ただやはり、コンディションに振れ幅があった。しかも想像以上だった。本来は実戦で投げながら日々ブレを調整していくのだが、そもそもその日によって肘の感覚が違うから、今日手にした感覚が次の日にはまったく違うものになってしまう。

レッドソックスを離れることに

復帰してから5試合連続で勝ちはつかず、8月27日のロイヤルズ戦でやっと復帰後初勝利を挙げたが、結局9月以降は5試合に投げて0勝4敗。この年で6年契約は終了した。この成績ではレッドソックスに残ることはできない。自分自身、そう腹をくくった。

思えば前年に右肘手術を受けたのが6月10日。ちょうど365日での一軍先発復帰だった。1年間、トレーニングを欠かさなかった。その努力は必ず1年後に実を結ぶと信じていた。

ある日、ギプスが外れた時のこと。内出血で紫色の腕を見て、思わず笑って妻に写真を送った。ショックを通り越して出た「笑い」だったのかもしれない。最悪なことも頭に浮かんだ。

ポジティブにリハビリを過ごしたとは書いたが、正直、野球の試合がテレビに映ると、「もうあそこに立てないのではないか、野球ができない場合に自分は何をしようか」と考えてしまうこともあった。自分は気持ちの弱い人間だと痛感した。

振り返れば、怪我との戦いの発端となったのは、2008年、5月末のオークランド遠征で、球場の通路で足を滑らせ、とっさに右腕で手すりのようなものをつかんで肩を痛めた時だと考えている。そこから苦闘は始まった。その時はまだ、肩とか肘に何かをするというのがやっぱり怖かった。鍼（はり）を打つのさえ嫌だった。だから痛みを我慢して投げ続けた。自分では、大したことはないと思っていた。

肘を痛めたのは、やはり２００９年のＷＢＣ前に股関節を痛めたのが原因だろう。股関節をカバーして投げるうちに、今度は肘を痛めてしまった。薬や注射に頼ってマウンドに立ち、２０１０年には復調したようにも思えたが、患部が治っているわけではないので、結局は故障の連鎖が起きた。

高校時代から、どこか痛くても動けるならマウンドに上がり続けるのが当然だった。僕にとって自然な行動で、意識することのない野球生活の一部だった。でも、一度も体がスッキリした状態はなかった。痛みがあれば、痛み止めを飲んでマウンドに上がった。痛くない箇所を探してピッチングしていた。でも最後はもうどこを探しても、マウンドで使える筋肉や腱が見当たらなくなってしまった。その代償が右肘手術だった。

弱い自分でもリハビリに耐えられたのは、手術経験者の言葉が大きかった。桑田さんは絶妙なタイミングで「焦らないで」とメールをくれた。野茂さんも「時間をかけなさい」と。代理人のボラス氏も「納得いくまで治して」と優しく声をかけてくれた。

家族も含め、支えてくれた全員に感謝したい。そしてその感謝をグラウンドで示したい。レッドソックスに移籍1年目は世界一に貢献するなど最初の2年間は33勝15敗だったが、２００９年以降は度重なる故障で17勝22敗。だが、復帰後も球自体は威力があったし、まだまだやっていける自信はもちろん持っていた。

自分の立場を考えれば、メジャー球団で獲得に動いてくれる球団があったにしても、それは年明け以降になると思っていた。11月からロサンゼルスの郊外で自主トレを重ねた。日本球界からも話をもらっていたが、メジャーで戦うことを最優先とした。

僕はただ、声がかかるのを待つことしかできなかった。

先発で投げたい

2013年、キャンプ直前となった2月に入って、ようやくインディアンスと契約できた。立場としてはマイナー契約。開幕メジャー争いに生き残らないといけないが、自分でポジションを奪い取るのは西武入団1年目と変わらない。これまで甘やかされていただけで、これが当たり前なのだと自分に言い聞かせた。

ただ、開幕時のメジャー昇格は勝ち取れず、マイナーで機会をうかがった。ところが4月28日の試合で左脇腹を負傷してしまい、2カ月近いリハビリ期間を経て6月下旬に戦列復帰したが、メジャー昇格の声はかからなかった。

8月下旬にFAの決断をした。ポストシーズン出場への登録期限となる8月31日を前に、より昇格の可能性がある他球団移籍の道を選択したのだ。3Aで19試合に先発し5勝8敗、防御率3・92。後半戦は9試合先発で60回2／3を投げて、防御率3・12、51奪三振と自分のコンディションも上がっていた。可能性はあるのではと思った。

20日に自由契約となり、FAとなってわずか2日でメッツが契約してくれた。メッツは先発陣の故障が相次いでいたためで、移籍後すぐに23日のタイガース戦で先発したが、5回を6安打5失点で黒星となってしまった。それでもこの年初めてメジャーの舞台に立つことができた。背番号は16。野茂英雄さんや通算194勝のドワイト・グッデンがつけていた番号をいただいた。

その後、4試合連続で勝ち星はなかった。5試合目となった9月14日のマーリンズ戦。7回2安打1失点で、ようやくこの年の初勝利を挙げた。最速は89マイル（約143キロ）だったが、ボールを動かして91球で7回まで投げられた。投げたい球が投げられないなら、動かすしかなかった。結果を出さなければ来季もメジャーで戦うことはできない。ストライクゾーンでボールを動かして凡打をさせるしかなかった。自分にとって、理想を掲げている場合ではなかった。

この時になって西武1年目に東尾監督から言われていた言葉を思い出した。

「150キロをバンバン投げている今はいいけど、歳を取ってきたらそうはいかない。変なプライドを持つんじゃない。タイミングを見逃さないように」

まだ老け込む歳ではないが、うまくシフトチェンジすることも考えないといけない。そう考えていた。登板機会を得るために自分の野球のあり方を切り替えた。

そして残り2試合も勝利投手となった。球速は145キロ前後。緩急を使って少ない球数で長いイニングを投げる。レッドソックス最後の年となった前年とはまったく違う終わり方ができた。明けて2014年1月にメッツと再契約もできた。マイナー契約だが、メジャーに昇格すれば年俸に出来高が加わる契約だった。

オープン戦は6試合で23回2／3を投げ、防御率3・04。

マイナー契約の選手がメジャー昇格を勝ち取ることは難しいのは分かっていた。日本でいう1、2軍の違いというよりむしろ、育成選手と支配下選手くらいの開きがある。日本でも支配下登録の枠がなければ、育成選手が支配下になる機会はとても少ない。ただ、僕は3Aでは150キロ台の球を投げられていたし、前年とは雲泥の差があった。昇格の機会を待った。

晴れて4月16日にメジャー昇格したが、最初に与えられた役割は救援待機だった。19日と20日に2試合連続で登板。メジャーに来て初めての連投だった。

24日のカージナル戦では4対1の9回に登板し、メジャー初セーブ。「思ったほどうれしくない」と話したのは本音だった。

というのも、開幕直後に守護神のパーネルが右肘手術で今季絶望となり、代役のバルベルデも不安定で、20日にファーンズワースを新守護神としたばかりだった。そしてそのファーンズワースが4日間で3試合も登板したため、あくまで一時の代役として呼ばれたのだ。救援の難しさ、苦労というものを味わうことで自分のプラスになると考えると同時に、先発復帰への思いを捨てるつもりはなかった。

5月25日のダイヤモンドバックス戦で、やっと先発が回ってきた。6回3安打2失点で2勝目を挙げ、2回にはバットを折られながらもタイムリーヒットを打つことができた。だが、その後は先発と救援を行ったり来たり。そのうちに7月26日には右肘の炎症でIL入りした。

リハビリ期間にはカブスの藤川球児がトミー・ジョン手術からメジャー復帰した。球児には右肘のリハビリに際し、「安心して納得できる形ができるまで、焦らずたくさん時間をかけること」とアドバイスを送った。僕は逆に球児からは、救援投手の心の持ちようを惜しみなく伝えてもらった。8月中旬にはメッツ対カブス戦があり、球児、そして和田毅と久しぶりに会って話ができた。

8月28日にはメジャーに復帰登板したが、その後は先発の機会はなかった。2014年は34試合に登板して3勝3敗、防御率3・89。先発登板は9試合にとどまった。

シーズンが終わった時、素直に先発をやりたいと思った。もちろん、救援もロングリリーフを含め色々な発見もあって、自分の野球人生にとっていい1年間にはなったが、僕はずっと先発、そして完投にこだわってきた。

今一度、先発で投げたい。ただ、メジャー球団が怪我に苦しむ34歳の僕を先発として契約する可能性はあるのか。冷静になって、今度はメジャーのみならず、日本球界を含めて移籍先を探さなければならないと考えていた。

ソフトバンク時代の2017年3月11日、中日とのオープン戦で先発登板

第15章

不屈

——2015年〜2017年

日本球界復帰へ

２０１４年のオフ。先発としてメジャー球団から需要はあるのか。その観点からメジャー球団の動向を探ったが、ＦＡ市場が動くのは12月以降。下手をすれば２、３月になるだろうとの見通しから、同時に日本球界からも話を聞くことを決断した。

日米を天秤にかけて話を聞きたくはなかった。アメリカは代理人に任せつつ、日本の球団の話は自分で聞いた。色々な球団からお声がけをいただいた。当時ＤｅＮＡの監督だった中畑清さんも、のちに「ぜひウチに来てほしかった」などと話していたが、当時、本当に熱心に声をかけてくれて感謝しかない。実際に交渉することはなかったが、巨人の原辰徳監督も気にかけてくれていた。

自分で話を聞くというのは、本当に新鮮だった。細かい金銭交渉というよりはむしろ、僕をなぜ必要としているのか、という部分、チームのビジョンという部分を気にした。年俸の話はどことも２、３回のやりとりはあったが、何かを細かく要求した覚えはない。

日本球界に戻る可能性を考え、早いうちから２０１４年の映像もチェックしていた。10月30日の日本シリーズ第５戦。ソフトバンクが阪神を下して３年ぶりの日本一となった試合は、映像を見るだけでも、ベンチも含めた全員が勝利のために同じ方向を向いていたと感じられた。

投打が一体になったいいチーム、これが今の日本一になるチームなのかと目に焼き付けた。

その後、ソフトバンクから声をかけられた時に、日本一の印象が強かったのは間違いない。「若い選手の壁になってほしい。そうでなければこのチームの未来はない」と球団関係者から伝えられ、責任を感じた。最初から僕に対する獲得したいという信念が、まったくぶれなかったのがソフトバンクだった。11月下旬。入団の意思をソフトバンクに伝えた。

ソフトバンクから正式契約が発表されたのは12月4日。3年総額12億円という内容で、背番号は「18」をいただいた。背番号「18」は同い年で、2014年にソフトバンクからヤクルトに移籍した新垣渚がつけていた。すぐに電話を入れた。渚は「他の人じゃなくて大輔でよかった」と言ってくれた。僕は「大切に使わせてもらうよ」と話した。

入団会見は発表の翌日5日に予定されていた。4日、福岡入りを前に、僕はイチローさんが練習の拠点とする神戸に立ち寄った。滞在は小一時間くらいだったが、どうしても直接会って伝えなければいけなかった。

「相談がないじゃないかよ」

僕は「相談したくてもできなかったんです」と言い、日本復帰を決めた経緯を説明した。

「対決は持ち越しだな」

その言葉に心が熱くなった。日本とアメリカで離れるが、心の距離はない。イチローさんの存在をいつまでも追いかける。イチローさんにもずっと気にしてもらえる存在でいたい。そのモチベーションを再確認した。

再びの手術とリハビリ

9年ぶりとなった日本でのキャンプは、2月1日からだった。メジャーではキャンプインは2月中旬。体がそのサイクルに慣れているし、1日から飛ばすと体に異常が出る可能性があるので、中旬くらいまでは、ペースを考えながら自分なりに調整を進めたいと思っていた。

そして2月14日にフリー打撃に初登板。ここまでは順調だったが、その後に右手親指と薬指にマメができてしまった。その後もフリー打撃に登板したが、あまりよくならない。2月中の実戦登板はとりやめにさせてもらった。

3月4日の阪神とのオープン戦では、3回4安打無失点。続く9日の長崎での西武戦は、試合前に雪が舞った。最低気温は2℃を下回ったという。この試合は故障しないよう、ただ投げただけに終わった。三度目の登板翌日の18日に球場での練習中に何か体調が変だなと感じ、病院で検査したらインフルエンザとの診断。23日から練習を再開したが、29日にブルペン入りした後に右肩の筋肉に異変を感じ、その後は軽い調整しかできなくなった。

31日に福岡市内の病院でＭＲＩ検査を受けたところ、炎症は見つからなかったが、肩の状態が一向に上がらない。スローイングを行うと回復しない日々が続いていた。4月2日、右肩の筋肉疲労ということで、無期限のノースローで様子を見ることとなった。

その後、5月20日のウエスタン・リーグのオリックス戦に中継ぎで実戦復帰したが、登板後に右肩の回復がどうも進まない。痛みを感じ、肩がうまく回らなくなった。その後、さまざまな病院を回り、保存療法などの道を探ったが好転しなかった。

8月4日。20メートルほどの距離で強いキャッチボールをしたが、翌日には思い通り投げられなくなった。肩が回復しない。18日に関東の病院で右肩の内視鏡手術を受けることになった。

手術は「右肩関節唇（かんせつしん）および腱板（けんばん）クリーニング術」「ベネット骨棘（こっきょく）切除術」「後方関節包解離術」と言われるものだった。3つの手術の併合のため、2〜3カ月はノースロー、実践復帰までは6カ月という話だった。ただ、手術しないと投げられない。投げられなければ、引退するしかない。今度も僕には、手術の選択肢しかなかった。

僕のために、リハビリに付き添ってくれるチームスタッフがいる。そして1軍に這い上がろうと必死に野球に取り組むファームの選手がいる。僕が笑顔を失えば、周囲に目に見えない影響を与えてしまう。何より、リハビリ施設にまで「頑張れ」と声をかけてくれるファンの方々がいる。僕は苦悩というものを表に出さないように気を配った。

筋力は術後、1カ月で戻った。手術からちょうど3カ月が経過し、ボールを投げ始めた。2

０１６年１月のハワイでの自主トレでは、二度ブルペンにも入った。肩の状態はよくなっていた。２００８年に右肩を痛めるよりも前に戻った感覚があった。

２月のキャンプでは、球数を投げ、スタミナをつけた。３月に入ってからは練習試合にも投げ、16日には西武とのオープン戦にも登板できた。肩の回復力も問題はない……はずだったが、少し状態が上がると、肩の回復が遅れるということが起きた。さらに5月の実戦登板後には、右手の指の感覚がなくなるといった症状も出た。検査を受けても問題は見つからない。医者も答えが見つからず、自分でもどうしていいか分からない日々が続いた。

リハビリが長くなると、どうしても痛みに敏感になってしまう。どこかで自分で自分に対してスイッチを入れる必要があった。８月に実戦で投げ始めるようになってからは、まったく投げられない状態ではなかったので、イニング、球数を増やしていった。ブランクが長かった分、投げていればどこかに張りや痛みが出るのは仕方ない。今、ここでブレーキをかけてはいけないと思っていた。

39球と１０２球

10月２日の楽天戦、ついに僕はソフトバンクに来て初めて１軍のマウンドに立った。西武時代の２００６年以来、10年ぶりの日本球界の１軍戦だった。

試合中、頭が真っ白になった。野球を始めて30年近くたって初めての経験だった。

1回で39球を投げ、3安打4四球で5失点。4連続で四死球を与えた。先頭の嶋基宏選手に四球、島内宏明選手には初球に死球。西武時代の同僚でワールドシリーズでも対戦した松井稼頭央さんが代打で出場したが、またしても初球のカットボールが引っかかり死球。稼頭央さんには頭を下げたが、それどころじゃなかった。

試合後、工藤監督と話をした。「絶対にあきらめては駄目だ」と言われた。2年間、チームの戦力になっていない自分に対し、1イニングだけでも機会を与えてくれたこと、そして監督の思いに何とか応えないといけない。ふがいない投球だったが、監督の一言は本当に、僕の心に響いた。

国内復帰2年目も未勝利に終わった僕は、球団に中南米で行われているウインターリーグへの参加を申し出た。レベルとしてはドミニカ共和国のウインターリーグの方が上だったが、僕としてはとにかく試合で投げて場数を踏むことが重要だった。知人を介して調べた結果、しっかりと登板機会が得られそうなのはプエルトリコだった。

ブルペンで投げているだけでは駄目なことは分かっていた。12月の1カ月の参戦ではあったが、4試合に登板した。「ヒガンデス・デ・カロリーナ」というチームだった。巨人の岡本和真選手も同じチームに来ていた。彼は入団2年目のシーズンを終えたばかりだったが、スイングを見ても、その飛距離を見ても、これは将来的に巨人の中心選手になると思って見ていた。初戦は4回75球を投げて、1安打2失点2奪三振。3〜4回には疲れが出て、逆に体の力が抜けて良くなった。こういった感覚も試合でしか味わえないものだった。

初回2死から四球を与え、4番モネルに初球を2ランにされた。2回は3四球で1死満塁のピンチを招きながらも後続を抑えた。予定は50球だったが、2回で降りると他の投手にしわ寄せが行く。3回は11球、4回は10球。まだ投げられる感覚が残っていた。最速は89マイル（約143キロ）だったが、しっかりと腕を振ることはできた。

順調に段階を踏んで、最後の登板は12月28日の試合だった。7回を3安打1失点。奪三振は3にとどまったが、88球でまとめることができた。先発としてのこだわりを持ってソフトバンクに入団しながら、7回まで投げたのはこれが初めて。移籍3年目に向けて、一定の手応えを得ることができた1カ月だった。

右肩の不安はだいぶ消え、キャンプも順調に消化できていた。3月に入ってからのオープン戦も順調かに思えた。ただ、オープン戦3試合目となった18日の西武戦で、投げているうちに強い張りを感じるようになり、4回途中で緊急降板してしまった。

試合前から右脚には違和感があったが、この試合は開幕からローテーションに入るための最初で最後のチャンスだった。登板回避だけは嫌だと思っていたが、それが裏目に出てしまった。

無意識のうちに右脚をかばうことで肩に異常が生じたのだと思う。

それでも翌週、26日の福岡での広島戦の先発マウンドに僕は立ち、オープン戦でのアピールは続いた。結果は7回無安打で、6三振を奪った。8回に五十嵐亮太さん、9回に守護神のサファテがつないで、オープン戦では22年ぶりとなるノーヒットノーランとなった。

もちろん、この一戦で開幕ローテーションが逆転することはない。第4回WBCに参加していた武田翔太投手、千賀滉大投手の体調面に問題がなかったことを受けて、1軍に空きは生じず、僕は正式に開幕2軍スタートとなった。

広島戦では、102球で7回を投げ切った。100球を超えたのは、ソフトバンクに入団してから初めてだった。ボールを動かす投球。ノーワインドアップから、最速は142キロではあったが、「こういう形でやっていきたい」というスタイルが見えた試合だった。

投げられない日々とようやく見えた光

それでも、2017年3月26日は、僕の人生でも、最も落胆した日の3本の指に入る。開幕2軍が決まったからではない。夜、腕が動かなくなったからだ。不安が脳をよぎった。痛み止めだけでなく、睡眠薬も飲んだ。

僕には、朝起きた瞬間のルーティーンがあった。それは右手で体にかけてある布団をはぐこと。右肩が正常に回るかどうか。それを確認するために、知らず知らずのうちに身についた動きだった。27日の朝も同じ動作をやろうとしたが、右腕は体にくっついたままだった。

何とか起きて肩の可動域を探った。しかし、目の前の食器すら取れない。10センチ、20センチ……。ほとんど腕を上げられなかった。異常であることはすぐに分かった。すぐにトレーナーに報告し、病院で検査を受けた。

ここから先は考えることも嫌になってしまう状況だった。以前はある程度まで投げられるように回復したところで異常が起きたが、今回は違った。キャッチボールの強度を上げていく段階で、痛みを感じるようにもなった。強度すらも上げられなくなった僕は、今の姿をチームメートに見せたくない、僕の負のオーラのような雰囲気を移したくないと考えるようになった。練習はみんなが来る前の早朝や人目につかない屋上で行った。

何か行動を起こさずにはいられず、打撃練習も行った。1日数時間打ったこともある。打者転向なんてできるはずもないのに。寮の冷蔵庫が空になれば、スポーツドリンクやコーヒーを補充した。

肩の痛みの原因を突き止めたい。毎週のように病院、治療院を飛び回った。40軒くらい回っただろうか。その間、容赦ないバッシングを浴びることになったが仕方ない。プロとして試合に出られなければ批判は当たり前だ。

ただ、きつかったのは、練習をしたくてもできない状況だった。いくら病院を回っても原因が分からなければ、リハビリ方針も立てられなかった。その間、僕の心をつなぎとめたのは、工藤監督の「絶対にあきらめては駄目だ」という言葉であり、１球でもいいからチームの役に立ちたいという思いだった。

光明が見えたのは秋になってからだった。肩の筋組織の肉離れということが判明し、ある治療院で治療を受けた際に「肩がはまった」という感覚があったのだ。こればかりは説明のしようがないが、ようやくたどり着いた答えだった。おそるおそるキャッチボールを開始し、ブルペンでも軽く投げてみた。10月には投球練習も再開できるようになった。力を入れた状態でも違和感はなくなり、10月30日には捕手を座らせ39球を投げた。

投げられることが分かったことがどれだけ僕を勇気づけてくれたか。投球後も変な違和感はなかった。肩の可動域は明らかに広がっていたし、しっかりと投げられた。誰もいない、早朝のブルペン投球で、まだ出口は見えなかったが、それがどこにあるかは想像することができた。

ただ、僕はソフトバンクを退団することになった。育成選手になってリハビリからとか、コーチ兼任なども打診されたという報道もなされたが、僕は実際に耳にはしていない。僕は37歳になっていた。球団はそういうプランも考えたのかもしれないが、僕は選手一本でやりたいという思いだけは伝えていた。肩の復調が見えてきたとはいえ、３年間でわずか１試合の登板では、戦力外は当然の結果だった。

福岡のファンは僕に対して本当に優しく接してくれた。ファームでの練習施設に連日のように足を運んでくれ、「待ってます」という声にどれだけ救われたか。若い時には「僕はマグロのようなもの。投げないと死んじゃいますから」などと冗談めかして話したこともあったが、その僕がボールを投げられない日々が続いた。その時にかけていただいた声によって「また明日も頑張ろう」と思えた。

退団が正式発表されると、色々な方から心配の声をいただいたが、僕にとって覚悟は決まっていた。浪人してでも野球を続ける。必ずまたマウンドに立つ。そして、ソフトバンクでの結果は戻ってこないが、もう1度、グラウンドに立つことで、今までお世話になったソフトバンクの関係者に恩返しができたらと考えた。

そんな時に声をかけてくれたのが、中日ドラゴンズだった。僕が西武に入団した1999年に投手コーチだった森繁和さんが監督で、そして西武の先輩としてお世話になったデニー友利さんが国際渉外担当として在籍していた。

中日時代に、NPBでは4241日ぶりの白星を挙げて

第16章

恐怖

——2018年〜2021年

99から始まった中日時代

ソフトバンクを退団する時は、日本の球団から声がかからなかったら、メジャーのキャンプの招待選手に強引にでも入れてもらおうとも思っていた。それが無理なら米独立リーグ、韓国や台湾も頭の中では考えていた。それもなければ、1年間、右肩のリハビリで浪人まで想定していた。

ところが自分の予想に反して、すぐに関係各所から心配の声をいただいた。中日の渉外担当だったデニー友利さんは森繁和監督に相談してくれていたらしい。さらにもう1球団、交渉という段階には至らなかったが、お声がけしてくれた球団があった。

阪神タイガースだった。当時の金本知憲監督からも心配の声をいただくとともに、僕の経験というものも評価してくれていた。

もちろん金銭交渉などするつもりはない。最低年俸であったとしても、僕を支配下70人の中の1人に入れてもらえるだけでありがたかった。何事もなく契約なんてしてもらえるわけもない。少なくとも、投げられる状態にあることを証明すること。それをもって判断するというのが中日の条件だった。

最初に声をかけてくれた球団と決めていたので、12月中旬くらいだろうか。僕は金本監督に電話を入れ、感謝の言葉とともに、中日に決めたことを伝えた。てんびんにかけるつもりなど、1ミリもなかった。

12月21日には中日から、僕の入団テストを来年1月下旬にナゴヤ球場で行うということが発表された。西山和夫球団代表とも話をした。目標は定まった。ボストンの自宅、そしてその周辺でずっとキャッチボールを行った。休んだ日などほぼなかった。

そして2018年1月23日。入団テストは森監督が見守る中で行われた。ブルペンで捕手を立たせたまま、直球以外にもスライダー、チェンジアップを投じた。その22球目、森監督から「もういいよ」と声をかけられた。

「しっかり会見やってこい」

監督のその言葉で合格できたのだと理解できた。背番号は「99」に決まった。星野仙一さんも背負った中日のエースナンバーである「20」も候補に入っていたが、それは僕がつけるべきではないと思って断った。候補から残った99という数字に何か意味があるのではないかと思った。プロ20年目、初めてとなるセ・リーグでの戦いが始まった。

前年は50メートルほどしか距離を延ばせなかったキャッチボールだが、80メートルの遠投ができる状態にあった。だが、少し状態がいいからといって一気にギアを上げようとすると、同じことの繰り返しになる。しかも、上体で投げることが染みついてしまっている。下半身からの連動など忘れている状態だった。

正しい動きを体に染みこませるように、時間を使った。森監督からは「絶対に焦るな」と言われていたし、オープン戦でもしっかりと段階を踏んだ。オープン戦最終登板となった3月25日のロッテ戦で5回、93球。翌日の肩の状態も悪くはなかった。その状況を受け、4月5日の巨人戦への登板が決まった。

カムバック賞はいただいたが……

国内のレギュラーシーズンで先発したのは、西武時代の2006年9月26日ロッテ戦以来4209日ぶりだった。5回を8安打3失点で黒星を喫したが、公式戦で96球を投げられたこと、そして勝ちにつなげられなかった悔しさを自分の中で持つことができた。2戦目の阪神戦は7回、123球を投げた。この試合もチームの勝利に導けなかったが、バテたという感じはなかった。

中10日という間隔をもらって迎えた4月30日のDeNA戦。6回を3安打1失点に抑え、ようやく勝利を手にできた。日本球界での白星は、西武時代の2006年9月19日のソフトバンク戦以来4241日ぶりだった。

唯一の失点は5回2死満塁の場面。前の2打席で2安打されていた宮﨑敏郎選手に対し、甘くいって長打を打たれるよりは最悪、押し出しでいいと割り切って投げた。結果、四球を与えることになった。

投げられるようになったらこういう投球をしたい、投げられるようになったら……と、どれだけシミュレーションしてきたことだろう。直球の球速はどんなに力を込めても140キロ台前半だ。だが、右肘手術を経てボールを動かすこと、そして打者のタイミングをどうずらすかはずっと考えてきた。積み重ねてきたものをぶつけた試合だった。

ヒーローインタビューでは「また顔を覚えてもらえるよう頑張る」と言った。長くファンの方々に自分の投球を見せられていなかったので、自然に口をついた言葉だった。

右打者の内角球へのツーシームは使っていなかった。肝心な時が来るまで武器はしまっておきたい。このようにシーズン終盤を見据えられるくらい、僕の思考は前向きになっていた。

5月20日の阪神戦では、6回3安打1失点で2勝目を挙げた。打撃では日米プロ20年目で初となる1試合2安打を放った。

7試合目の登板となったのは、6月8日の古巣ソフトバンク戦だった。味方が勝ち越してくれた直後の5回、左の尻付近につった感覚を覚えて降板したが、1失点で何とか3勝目を挙げた。

「感謝の思いを伝えるのは1軍のマウンド」

ソフトバンク退団の際にそうコメントした通り、1球1球、感謝の思いで投げた。

続く6月17日のメットライフドームでの西武戦では、試合前のブルペン投球中に背中がつり、けいれんが止まらずに登板を回避した。中10日以上の間隔をもらって投げてはいたが、やはりどこかに負担があったのかもしれない。その後にオールスターのファン投票があり、先発部門で選出してもらったが、正直、複雑な気持ちではあった。

オールスターに選抜された選手が、オールスター試合出場を辞退した場合、後半戦は10試合は出られない規定が当時はあった。だからどうしても、ぶっつけ本番でも投げるしかなかった事情もあるが、2006年以来12年ぶりの出場で、ファンの方々に恩返ししなければという思いもあった。

7月13日のオールスター第1戦、全セの先発マウンドに立って、1回4安打5失点となった。西武の山川穂高選手から「直球勝負」を要望されたが、僕にできたのは「速球系」のカットボール、シュートを投げることだった。

西武時代にも出場させてもらった夢の舞台。当時は多くの三振を取ること、速い球を投げることがファンへの分かりやすい恩返しになると思っていた。その思い、もっとうまくなりたいとの思いはいつまでも変わらないが、僕の投球スタイルは変わらざるをえなかった。「ボールを動かす」というありのままの自分を出し、ソフトバンクの柳田選手から空振り三振も取れた。

僕にとっては、それで十分だった。

後半戦は、初戦となった8月1日の阪神戦、次の16日のＤｅＮＡ戦と連勝した。特に16日の試合では、ＤｅＮＡが筒香嘉智選手ら４人の横浜高校ＯＢをスタメンに並べた打線をぶつけてくれた。投げづらいことはなかったが、少しは意識をした。抑えられてよかった。

この年の最終登板は38歳の誕生日でもあった9月13日の阪神戦で、しかも舞台は甲子園だった。甲子園での公式戦登板は12年ぶり。５回５安打１失点で勝利投手になれた。同じ80年度生まれの村田修一、杉内俊哉、そして横浜高校でチームメートだった後藤武敏が引退を決めていた。「彼らの分も気持ちを込めて、僕はもう少し頑張るよという決意表明の日にしたいと思った」と話したが、その思いに嘘はなかった。

結局、２０１８年は11試合に登板して6勝４敗、防御率３・74でＮＰＢからカムバック賞もいただいた。ただ、中10日以上での登板だったし、最後の甲子園球場以外はすべてドームでの登板だった。とても先発ローテーションの一員として機能したとはいえない。

背番号が99から慣れ親しんだ18に変更されて臨んだ２０１９年は、前年よりも首脳陣に余計な気を使わせないようにできるだろうか。そのことを考えていた。

中日から古巣・西武へ

キャンプ序盤で想定もしないアクシデントが起きてしまった。第1クールだった。ブルペン横にある投手陣のロッカーからメイン球場へ戻る通路で、ファンの方に右腕を引っ張られた。抜けたような感じがあった。その後、米国永住権（グリーンカード）の更新手続きでいったん、キャンプ地の沖縄を離れたが、戻ってきても一向によくならない。2月11日に森さんに代わって監督になっていた与田剛さん（森さんはシニアディレクターに）に相談してチームを離れた。12日に沖縄県内の病院で「右肩の炎症」と診断され、東京に戻ってからは精密検査を受けた。結果は変わらなかった。

ようやくブルペン投球を開始できたのは4月末だった。

アクシデントについて振り返ると、手を引かれそうになった時に僕がしっかりと振り向かなければならなかった。振り向けば腕に無理な力がかかることもなかっただろう。ただ、ファンの方々にも、こういったアクシデントで選手生命を縮めてしまう可能性があるということを知ってほしいとは思った。警備員の方々を増やすだけでなく、選手とファンの間に心地よい距離感が生まれてほしい。今ではそう思っている。

5月28日のウエスタン・リーグのソフトバンク戦で実戦復帰し、6月22日の三度目の登板では6回108球を投げられるまでに戻った。だが、なかなか1軍から声がかからない。7月16日の阪神戦で復帰して5回2失点だったが勝敗はつかず。27日のDeNA戦ではわずか1／3回で8失点KOされ、その後は1軍に呼ばれることはなかった。8月には右肘を痛め、中日での2年目は未勝利に終わった。戦力外となってもおかしくないと思っていた。

与田監督と話し、球団からも契約延長の意思があると言ってもらえた。だが、僕が一番気になったのは、2017年オフに僕を入団させてくれた森繁和シニアディレクター、デニー友利国際渉外担当の退団が決まったことだ。

自分を必要としてくれた恩人の2人が球団を去ったというだけのことではない。当然、チームは大きな変革が求められる。外様の僕がいつまでも居座っていい球団ではない。与田監督、球団の思いに感謝しながらも、僕は退団し、自由契約となる道を選んだ。

そんな僕に声をかけてくれたのは、古巣西武ライオンズの渡辺久信（ひさのぶ）GMだった。周囲からすれば、西武が既定路線だったと思うかもしれない。ただ、39歳のシーズンでたった2試合しか投げていない僕を獲得することには相当な覚悟がいる。しかも支配下70人の中の1人として見てくれた。感謝の思いしかなかった。

投げること自体が怖くなるなんて

14年ぶりに西武に復帰して迎えた2020年。キャンプではギアを抑えながらも一歩ずつ前に進めていた。2月25日の練習試合に先発し、オープン戦も順調にこなした。僕は開幕3戦目のマウンドに立つ予定だった。

しかし、この年の2月から新型コロナウイルスが流行した。ちょっとした変化に対応できるだけの強さが僕の体にはなかった。開幕直前には右膝に痛みを感じるようになった。注射を打って対応した。自粛期間はなるべく、人と会わないよう気を付けたし、外出も控えた。チームの個人練習に合流すると知らず知らずのうちに感染してしまう、もしくはさせてしまう可能性がある。神経を使ったし、キャッチボールは荒川の河川敷で友人に頼んで行うなどしていた。

長引く開幕……。6月7日の練習試合の中日戦に登板し、1回を無安打無失点だったが全然ボールがいかない。実は活動自粛期間中の5月頃から、頸部と右手のしびれが強くなっていた。練習試合で投げても、指先の感覚はなかった。

7月5日に茨城県内の病院で「脊椎内視鏡頸椎(けいつい)手術」を受けた。手術を決断したのは、順調にいけば復帰まで2〜3カ月と言われたこともあるからだ。今手術すれば、今シーズンは難しいかもしれないが、秋口に来年への準備ができると思った。まだ希望は捨てていなかった。渡辺GMからも「サポートするからしっかりとリハビリしよう」と温かい言葉を何度もかけてもらった。だが、手術を終えても、正直、右手のしびれが取れた日はなかった。

そしてそのまま2021年になる。しびれというよりも、右手中指の指先の感覚は完全になくなってしまっていた。だが、こんな状況になっても、僕はあきらめが悪いのか、これまで何千、何万球と投げてきた体の感覚で球をコントロールができないか必死に探った。4月になってブルペン投球もできるようになり、3軍の青木勇人コーチとは4月下旬に打撃投手として立つ予定も相談していた。

ここまで23年間、どんな時でも自分の置かれた状況を整理し、改善、上昇する材料を整えてきた。厳しい批判をいただいた時にも、その批判の声をはね返す力に変えてきた。最後までこの大好きな野球を前に、もがき続けようと思っていた。

だがその覚悟が、恐怖に変わってしまった。打撃投手を務める前の所沢でのブルペン投球。打席には誰も立っていなかったが、右打者の頭付近となるところへボールが抜けていった。右手の感覚は当然ない。投げた瞬間に、抜けたことすらも分からない。

この1球で投げること自体が怖くなってしまった。

当時2軍監督だった松井稼頭央さんの許可も得て、しばらく野球から離れた。この恐怖心が体から抜ける日は来るのか。何度かキャッチボールをしてみたが、無理だった。僕はひそかにデットラインを決めていた。前年に手術をした7月5日、家族にも「決断」を伝えた。同日、渡辺久信GMに「引退します」と告げた。

チームのプレーオフ争いに水を差したくないという思いもあったが、自分自身、早く楽になりたかった。もちろん、10月19日の引退試合の瞬間まで、よくなることはないかとずっと祈っていた。ただ、もう心も体も、プロ野球選手としてやっていける力は残っていなかった。

イチローさんとは日米で対決する機会を得た

第17章

平成 ——イチローさんへ、そして「松坂世代」「怪物」と呼ばれて

イチローさんがいるから

西武ライオンズのユニフォームを着る最後の日となった2021年12月4日。泣くはずがないと思っていたが、こらえきれなくなった。恩師からのメッセージを聞き、場内を1周した後だった。球団関係者からホームベース付近に戻るよう、うながされた。何がなんだか分からないまま、バックスクリーンに映し出されたのはイチローさんの姿だった。

「許せ！　大輔」

映像でイチローさんがそのメッセージを発すると、間髪入れずに、球場のファンの方々からどよめきが起こった。僕はそのどよめきを聞いて、何が起こったのか察した。一塁側ベンチに顔を向けるとイチローさんが歩み寄ってきていた。交わした言葉は少ない。

「よく頑張ったな。長い間、お疲れ様」

自然とこみあげてくるものがあった。僕にとってイチローさんは、大きな存在で、いつまでもあこがれのスターだった。

イチローさんは誰が何と言おうと、僕にとって特別な存在だった。

プロの世界は「勝負」が大前提だが、イチローさんは打席に向かって投げながら、「会話」のできる唯一無二の選手だった。

イチローさんとの対戦のたびに、過去の対戦を考えさせられる。それだけではなく、次、将来の対戦の時はこうしようといった、未来を想像させてくれる方だった。イチローさんはまた違った感覚を持っていたと思うが、僕は18・44メートルの距離があっても、マウンドとバッターボックスでお互いに「会話」を交わせたと思っている。

イチローさんと初めて対戦した1999年。初対戦では3打席連続三振に仕留めることができたが、それでもどのコースにどの球を投げてもバットが出てくるイメージしか持てなかった。

イチローさんが日本で210本ものヒットを打った1994年、僕は中学生だった。当時の僕はイチローさんをテレビで観ながら、もし自分が対戦するとしたらどうやって投げようかと想像していた。その時に突然、自分が刀で斬られるような感覚に襲われた。家でテレビを1人で観ながら、「うわっ」とのけぞった。本当だ。

プロに入って対戦することになってからも、イチローさんのバットは「刀」だった。初対戦の時から、僕は真っ向勝負でその刀を折ってやろうと思っていた。イチローさんとは68打席対戦して、61打数15安打で1本塁打7打点だった。最初の試合で3三振を奪ったけれど、その後、日本での対戦では三振を1つも取れなかった。

対戦だけではない。色々な光景が浮かんでくる。

1999年のその最初の試合では、僕がセンター後方でアップしていたところにイチローさんが来てくれたこと。僕の頭の中には、まさかイチローさんが、対戦相手の、しかも高卒1年目のルーキーのアップの時にわざわざ来てくれるなんて発想がない。だから、ストレッチで寝転がったまま、「こんにちは」と失礼な挨拶になった。もちろんすぐに起き上がって握手をさせていただいた。

2014年のメッツとヤンキースの「サブウェイ・シリーズ」（ニューヨークを本拠とする両チーム伝統の対決をこう呼ぶ）では、イチローさんからハグをされた。ビックリした。僕自身が当時置かれていた、中継ぎとしての状況、その複雑な感情をイチローさんが汲み取ってくれているような思いになった。

僕は、引退したら何もせず、静かに過ごしたいと思っていた。でもイチローさんは自分の考えで高校野球と接し、さらに女子野球とも交流を図っている。イチローさんらしい形で野球を表現している姿を見て、僕自身も自分なりに何か発信できることがあったらやっていかなくちゃいけないと考えさせられた。引退後のイチローさんを見ていなければ、思ってもいなかったことだった。

イチローさんがああいう形で野球をしている姿を世の中に示すというのは、ある意味、衝撃だった。野球界の後輩に野球人としての生き方や方向性を示してくれたイチローさんの取り組みは、僕たちや僕よりも後の世代の選手にとって、すごく大きな出来事だと思う。

そのイチローさんは、僕の引退セレモニーのあった日、僕のロッカーに、ひそかにあるユニフォームを置いていた。それは、イチローさんが率いる草野球チーム「ＫＯＢＥ ＣＨＩＢＥＮ」のユニフォームだった。「ショートを空けておくから」とイチローさんは言った。２０２２年11月３日、東京ドームで行われた「高校野球女子選抜」との試合に「４番・ショート」で参加させてもらった。

イチローさんが目の前で投げて、そのすぐ後ろを自分が守る。２００９年のＷＢＣとは逆になり、不思議な感覚だったが、すごくうれしかった。何度かマウンドにも声をかけに言った。引退しても、真剣勝負。汗びっしょりで投げ続けるイチローさんの、野球に懸ける情熱はすさまじかった。その熱量に、自分も全力プレーで応えないといけないと感じたし、今後もイチローさんの野球界への思いに対してお手伝いができれば、と強く思っている。

松坂世代、平成の怪物と呼ばれて

僕は清原和博さんと桑田真澄さんの、いわゆる「ＫＫコンビ」にあこがれて、プロ野球の世界を目指した。そして、僕自身、同世代に強力なライバルに出会えることができた。聞くところによると、１９８０年度生まれは、93人もプロ野球の世界に入ったという。

いつからか、僕らの世代は「松坂世代」と呼ばれるようになった。

最初は、この言葉が好きではなかった。僕以外の同世代に失礼だと思った。ただ、同世代のみんなが嫌がらなかったおかげで、僕もいつしかその言葉を嫌う必要はなくなった。そんなみんながいたから、僕は彼らに負けたくない、いつまでも圧倒的な先頭を走っていたいと力に変えることができた。自分の名前がつく以上は、その世代のトップでなければならないという思いが芽生えた。

野球というスポーツ、とりわけプロ野球は実力の世界であり、個人事業主とも言われる。もちろんそうした側面もある一方、野球はチームスポーツでもある。僕は本当に素晴らしいライバル・仲間に恵まれた。プロに入らず、それぞれの道を突き進んでいる友との交流も僕を支えてくれた。野球に出会わなければ、ここまでこんな濃密な人生を送ってはこれなかった。

「松坂世代」という言葉の他には、「平成の怪物」という二つ名をつけてくれたのもファンの方々、マスコミの方々だと思う。気に入る気に入らないにかかわらず、そんなふうに呼んでもらえるということは、過分にも、僕自身の歩み、その軌跡に対して評価していただいたからこそと考えて、ありがたく思っている。

しかも「平成」という時代をあらわす言葉までつけて呼んでもらえた。

今では、自分の野球人生に対するご褒美だと思っている。

引退セレモニーで最後の挨拶

第18章 感謝 ——2022年〜未来

引退した今、考えること

引退後、僕は評論家として野球を外から見ている。

そして現役時代にわがままばかりを聞いてもらった妻、そして子どもたちとの時間を大切にしている。２０２２年春には、犬が２匹、新しい家族として加わった。何気ない時間の流れを心地よく感じている。

プロ野球界には、新たなスターが出てきている。エンゼルスの大谷翔平選手は、「投打二刀流」という新しい道を歩んでいる。ヤクルトの村上宗隆選手は、２０２２年、22歳シーズンに３冠王を獲得した。ロッテの佐々木朗希投手は完全試合を達成。１試合１００球を投げて平均球速１６０キロという信じられないような数字である。

昭和、平成、そして令和と野球の進歩のスピードは速く、技術も高度になっている。僕自身も現役の時は、漫画の世界に登場する投手のような球を投げたいと本気で思ったが、今では漫画の世界でしか起こらなかったことを現実にやってのける選手がいる。

僕の野球人生は、常識・非常識にこだわらず、それに向かって常にチャレンジしてきたものだと思っている。確かにそれが遠回りになったことだってある。ただ、後悔などしていない。その時々の結果に満足することなく、うれしい経験、悔しい経験をたくさん積み重ね、揺るがぬ信念を持って上を目指した。ボロボロになるまで貫き通せたことは、自分の財産だと思っている。

自分の長い野球人生を振り返ってみると、高校の時に思っていたこと、プロに入って思ったこと、引退間際の考え、それぞれ違う結果に行きつくこともあった。

なぜ、考えが変わるのか。

常識というものは、自分で決めたものではない。長い年月をかけて、大多数にあてはまってきたからこそ「常識」となる。ただその「常識」は年月の経過とともにアップデートされ、変化していくべきものであるはずだ。常識ですら変わるのだから、自分の考えというものはさらに深く、進化していかなければならない。

２０２１年10月19日の引退登板から４日後の10月23日に、僕は右膝の手術を受けた。

小学２年生の時、友たちで「ドロケイ（泥棒と警察に分かれた鬼ごっこ）」をしていた。泥棒役で隠れていた僕は警察役の子に見つかり、走って逃げた。その途中で車にはねられた。

気がついたら道路に横たわっていて、みんなが僕のことを取り囲んでいた。救急車が来て、病院に運ばれたが、身構えて体に力を入れることなく自然体ではね飛ばされたことがかえってよかったのかもしれない。大きな怪我はなかった。たいした検査もせずに次の日からは普通に学校へも行っていた。

中学生の時の成長期に「有痛性分裂膝蓋骨」になっても、そのまま練習していた。学生時代もプロになってからも、右膝が痛くて、曲げられなくて正座ができないこともあったが、それは交通事故の影響だろうと思っていた。だが、原因は中学生の時にしっかり検査しなかったからだと後で気がついた。

右膝の痛みが抜けないので精密検査をしたら、医師に「膝の皿が割れてるよ、これはずいぶん昔の骨折。よくこれで野球を続けてこれたね」と言われたのは、7月の引退発表後だった。骨折をした状態で、高校、プロと野球を続けていたなんて。自分のことながら衝撃だった。

現役時代には苦しい思い出しかないリハビリだったが、おかげで知識や対処法を学ぶことができた。投手の投げ方を見て、どこを痛めているな、かばって投げているなということも分かるようになった。

その経験をどう野球界に落とし込んでいくか。僕のように怪我をしてから取り返そうとしても、なかなか取り返せないことは多い。あの時こうしておけば……という後悔がないよう、選手を守るにはどう組織を作るべきか。選手のパフォーマンスが向上すればするほど、同時に考えていかなければならないことである。

野球界だけではない。さまざまな分野の最先端の知識、他競技の選手のメンタリティーに触れることで、また新しい発見にもつながると信じている。現役時代にできなかったことへの興味や好奇心というものが、僕の中に次から次へとふつふつと湧き出てくる。

野球に「感謝」

この本の最後に、僕のプロ野球選手としての最後の言葉となった、12月4日の引退セレモニーでの挨拶を記しておきたい。この挨拶は、自分なりに一生懸命考え抜いてたどり着いた言葉だ。この時の思いは一生忘れずに背負っていきたい。未来への決意と、これまでの感謝の言葉として、ここで引用したい。

まずはこのようなセレモニーを用意していただいた球団関係者の皆様ありがとうございます。そして、メットライフドームまで足を運んでくださったファンの皆様ありがとうございます。僕は今シーズン、今日をもちまして23年間の現役生活から引退します。

野球と一緒で物覚えが悪いので紙を見ながら話してもいいですか。２００６年のポスティングでアメリカに行く時に、ファン感謝デーの日だったと思うんですけど、選手会長だったということもあり最後に挨拶する機会があったんですけど、やっぱりこの場に立つと、忘れちゃうんですよね。なので同じ思いはしたくないので、しっかり自分で考えた文章を、紙を見ながら話をさせていただきたいと思います。

野球を始めた時から応援していただいている方、ライオンズに入団してから応援していただいている方、怪我をしてから応援していただいている方、たくさんの方に支えてもらいました。本当に長い間ありがとうございました。

僕の現役時代の原動力は、応援していただいている方に喜んでもらいたいと思い頑張ってきました。「One For All, All For One」という言葉がありますが、「One For All」「1人はみんなのために」、僕はこの言葉を胸に刻み、投げ続けてきました。

僕が投げてきたことで、少しでもファンの方が喜んでくれたり、勇気やパワーを送ることができていたのなら、こんな姿になっても、まだまだ投げ続けたいと思いながらやってきて本当によかったと思います。

小さい頃から投げること、打つことが大好きで、引退する直前までもっと投げたい、もっとみんなと勝ちたいと思っていた僕ですが、最後は普通に投げられなくなるまで野球を続けることができて本当に幸せでした。

プロ生活の後半は故障ばかりでしたけど、僕を産んでくれ育ててくれた両親に感謝しています。小さい時から、常に僕と比較され、苦しい時期を過ごしたこともあった弟にも感謝しています。若い時から引退する時まで、僕のわがままを許してくれた、妻、子どもたちにも感謝しています。妻のお母さん、天国で見守ってくれている妻のお父さんにも感謝していますす。ただ、ここまで来る中でたくさんの方に、たくさんの不満や迷惑をかけてきたことも事実です。改めて申し訳ありませんでした。

こんな僕に投げる場所を与えてくれたライオンズ、ホークス、ドラゴンズ、レッドソックス、インディアンス、メッツ、そしていつも僕の気持ちを奮い立たせてくれたファンのみな様、感謝しています。ありがとうございました。

そして、これからもプレーしていく選手のみなさんへ。誰でもいつかやめる日が来ます。選手の時間は無限ではありません。悔いの残らないように日々を過ごしてください。引退試合の時にも言いましたが、トレーニング、体のメンテナンスには十分お金をかけてあげてください。それがいつか自分にいい結果として返ってくるはずです。もしそれが結果に結びつかなかったとしても、一生懸命考え、実践したことは、無駄にはなりません。

23年間やってきた中で、たくさんのうれしい経験、悔しい経験をしてきましたが、いつでも悔しい経験の方が強く残っています。その悔しい経験をバネに僕は挑戦してきました。それは自分で自信を持って誇れる部分だと思っています。

今の結果に満足している選手は誰1人としていないと思いますが、その時その時の結果に満足することなく、うれしい経験、悔しい経験をたくさん積み重ねて信念を持って上を目指していってほしいと思います。その経験、思いをこれからの世代に紡いでいくことができれば、またライオンズの黄金時代がやってくるのではないかと思っています。

これからは1人の野球ファンとして、埼玉西武ライオンズの明るい未来を楽しみにしています。

最後に改めて23年間、長い間支えていただき、前に進むために背中を押していただき、本当にありがとうございました。

野球に「感謝」。

松坂大輔

甲子園成績

大会	試合	相手	スコア	登板	回	球数	安打	三振	自責
1998春	3月28日・2回戦	報徳学園	○6-2	完投	9	119	6	8	2
	4月 3 日・3回戦	東福岡	○3-0	完封	9	127	2	13	0
	4月 5 日・準々決勝	郡山	○4-0	完封	9	125	5	7	0
	4月 7 日・準決勝	PL 学園	○3-2	完投	9	130	5	8	2
	4月 8 日・決勝	関東第一	○3-0	完封	9	117	4	7	0
1998夏	8月11日・1回戦	柳ヶ浦	○6-1	完投	9	139	3	9	0
	8月16日・2回戦	鹿児島実	○6-0	完封	9	108	5	9	0
	8月19日・3回戦	星稜	○5-0	完封	9	148	4	13	0
	8月20日・準々決勝	PL 学園	○9-7	完投	17	250	13	11	7
	8月21日・準決勝	明徳義塾	○7-6	完了	1	15	0	1	0
	8月22日・決勝	京都成章	○3-0	完封	9	122	0	11	0
11勝0敗 防御率1.00					99	1400	47	97	11

プロ成績

年	所属	登板	勝	負	勝率	回	完封	奪三振	防御率
1999	西武	25	**16**	5	.762	180	2	151	2.60
2000		27	**14**	7	.667	167 2/3	**2**	**144**	3.97
2001		33	**15**	15	.500	**240 1/3**	2	**214**	3.60
2002		14	6	2	.750	73 1/3	0	78	3.68
2003		29	16	7	.696	194	**2**	**215**	**2.83**
2004		23	10	6	.625	146	**5**	127	**2.90**
2005		28	14	13	.519	**215**	**3**	**226**	2.30
2006		25	17	5	.773	186 1/3	2	200	2.13
2007	レッドソックス	32	15	12	.556	204 2/3	0	201	4.40
2008		29	18	3	.857	167 2/3	0	154	2.90
2009		12	4	6	.400	59 1/3	0	54	5.76
2010		25	9	6	.600	153 2/3	0	133	4.69
2011		8	3	3	.500	37 1/3	0	26	5.30
2012		11	1	7	.125	45 2/3	0	41	8.28
2013	メッツ	7	3	3	.500	38 2/3	0	33	4.42
2014		34	3	3	.500	83 1/3	0	78	3.89
2015	ソフトバンク	登板なし							
2016		1	0	0	.000	1	0	2	18.00
2017		登板なし							
2018	中日	11	6	4	.600	55 1/3	0	51	3.74
2019		2	0	1	.000	5 1/3	0	2	16.88
2020	西武	登板なし							
2021		1	0	0	.000	0	0	0	0.00
NPB 通算		219	114	65	.637	1464 1/3	18	1410	3.04
MLB 通算		158	56	43	.566	790 1/3	0	720	4.45
日米通算		377	170	108	.612	2254 2/3	18	2130	3.53

※太字はリーグ TOP

著者略歴

松坂大輔（まつざか・だいすけ）

横浜高等学校出身。投手。選抜高等学校野球大会、全国高等学校野球選手権大会（甲子園）出場。夏の決勝で、史上2人目（当時）のノーヒットノーランを達成し、甲子園春夏連覇。「平成の怪物」として注目を集める。1998年ドラフト1位指名で西武ライオンズ入団後、ルーキーイヤーから活躍し、最多勝、ゴールデングラブ賞、ベストナイン、新人王、沢村賞などを多数受賞。2000年シドニーオリンピック、2004年アテネオリンピックでは日本代表に選ばれ、銅メダル獲得。WBC（ワールド・ベースボール・クラシック）では2006年、2009年の2大会連続 MVP。2006年のポスティングシステムにて、ボストン・レッドソックスと契約。2007年日本人初のワールドシリーズ勝利投手となり、チームのシリーズ制覇に貢献。その後、肘の張り等の不調によりトミー・ジョン手術を受け、懸命のリハビリの末、2012年にメジャー復帰。2013年クリーブランド・インディアンスとマイナー契約ののち、8月にニューヨーク・メッツにメジャー契約で電撃移籍。2014年はメッツにて先発、リリーフ等要所の要として貢献。2015年、福岡ソフトバンクホークス入団で日本球界復帰。度重なる故障、リハビリに苦しめられたが、2018年中日ドラゴンズに入団、日本球界12年ぶりの勝利投手となり、この年のカムバック賞を受賞。オールスターゲームにも選出された。2020年より古巣の西武ライオンズ入団、2021年シーズンをもって現役引退。

怪物（かいぶつ）と呼（よ）ばれて

2023年4月18日　初版第1刷発行

著　　者　松坂大輔（まつざかだいすけ）
発 行 者　小川 淳
発 行 所　SBクリエイティブ株式会社
〒106-0032　東京都港区六本木2-4-5
電話：03-5549-1201（営業部）

取材・構成　倉橋憲史
装　　丁　國枝達也
本文デザイン・DTP　アーティザンカンパニー株式会社
校　　正　有限会社あかえんぴつ
撮　　影　塚本直純
スタイリング　森岡 弘
ヘアメイク　中牧亜弥
写真提供　株式会社スポーツニッポン新聞社
編　　集　北 堅太
印刷・製本　三松堂株式会社

本書をお読みになったご意見・ご感想を
下記URL、またはQRコードよりお寄せください。

https://isbn2.sbcr.jp/17110/

落丁本、乱丁本は小社営業部にてお取り替えいたします。定価はカバーに記載されております。
本書の内容に関するご質問等は、小社学芸書籍編集部まで必ず書面にてご連絡いただきますようお願いいたします。

ISBN 978-4-8156-1711-0